Viver sob a luz de Cristo

INÊS BROSHUIS
NEUZA SILVEIRA DE SOUZA

Viver sob a luz de Cristo

Catequese com adultos

FORMAÇÃO DE CATEQUISTAS, AGENTES DE PASTORAL
E COORDENADORES DE MOVIMENTOS

Dados Internacionais de Catalogação na Publicação (CIP)
(Câmara Brasileira do Livro, SP, Brasil)

Broshuis, Inês
    Viver sob a luz de Cristo : catequese com adultos :
formação de catequistas, agentes de pastoral e coordenadores
de movimentos / Inês Broshuis, Neuza Silveira de Souza. – São
Paulo : Paulinas, 2013.

    ISBN 978-85-356-3645-1

    1. Catequese – Igreja Católica   I. Souza, Neuza Silveira de.
II. Título..

13-10694   CDD-268.82

Índice para catálogo sistemático:
1. Catequese de adultos : Igreja Católica   268.82

1ª edição – 2013

Direção-geral: *Bernadete Boff*
Editores responsáveis: *Vera Ivanse Bombonatto*
e Antonio Francisco Lelo
Copidesque: *Ana Cecilia Mari*
Coordenação de revisão: *Marina Mendonça*
Revisão: *Ruth Mitzuie Kluska*
Gerente de produção: *Felício Calegaro Neto*
Capa e diagramação: *Jéssica Diniz Souza*

*Nenhuma parte desta obra poderá ser reproduzida ou
transmitida por qualquer forma e/ou quaisquer meios
(eletrônico ou mecânico, incluindo fotocópia e gravação)
ou arquivada em qualquer sistema de banco de dados
sem permissão escrita da Editora. Direitos reservados.*

Paulinas
Rua Dona Inácia Uchoa, 62
04110-020 — São Paulo — SP (Brasil)
Tel.: (11) 2125-3500
http://www.paulinas.org.br
editora@paulinas.com.br
Telemarketing e SAC: 0800-7010081
© Pia Sociedade Filhas de São Paulo — São Paulo, 2013

Sumário

Apresentação...9

    Dom Walmor Oliveira de Azevedo

Viver sob a luz de Cristo...11

    Dom Joaquim Giovani Mol Guimarães

Dicas para o uso deste livro...13

PRIMEIRA PARTE – ORIENTAÇÕES GERAIS

Capítulo I - Um pouco de história..17

Capítulo II - O destinatário da catequese com adultos...................19

Capítulo III - As fases de amadurecimento da pessoa adulta.........21

Capítulo IV - Desafios da catequese com adultos............................25

Capítulo V - Diversas formas de catequese com adultos.................29

Capítulo VI - Conteúdo da mensagem catequética.........................33

Capítulo VII - Bíblia - Fonte primeira da catequese.........................37

Capítulo VIII - Orientações para catequistas que trabalham com adultos......41

SEGUNDA PARTE – ENCONTROS E CELEBRAÇÕES

EXPERIÊNCIA HUMANA E REVELAÇÃO

1º encontro - O ser humano à procura de sua felicidade..................47

2º encontro - Deus se comunica conosco..51

3º encontro - Bíblia, Palavra de Deus em linguagem humana...........55

4º encontro - Deus se revela na história de Israel...............................59

5º encontro - Bíblia - Livro da Aliança...65

JESUS CRISTO – REVELAÇÃO DO PAI

6º encontro - Jesus, esta pessoa fascinante 71

7º encontro - Jesus no seu tempo 75

8º encontro - Jesus anuncia o Reino de Deus 81

Celebração da Palavra 85

9º encontro - Jesus nos mostra as exigências do Reino 89

10º encontro - Os preferidos do Reino 93

11º encontro - Jesus vem nos libertar da lei 97

12º encontro - A vida nasce do amor 101

13º encontro - A vida é mais forte que a morte 105

14º encontro - O envio do Espírito 109

15º encontro - Saborear a riqueza do N. T. a partir do A. T. 113

Celebração da Palavra 117

A IGREJA CONTINUA A MISSÃO DE JESUS

16º encontro - Igreja, sinal e instrumento do Reino 123

17º encontro - A Igreja é uma comunidade 129

18º encontro - A comunidade se organiza 133

19º encontro - Nossa Senhora na Igreja 137

20º encontro - A dimensão ecumênica da Igreja 141

Celebração da Palavra 145

A IGREJA CELEBRA O MISTÉRIO DA SALVAÇÃO

21º encontro - A comunidade celebra a salvação 151

22º encontro - Sacramentos como sinais do nosso encontro com Cristo 155

23º terceiro encontro - Batismo - Sinal do amor de Deus 159

24º encontro - "Vocês serão minhas testemunhas" (cf. Lc 24,48) 163

Celebração da Palavra 167

25º encontro - Eucaristia - Raiz e centro da comunidade cristã.................... 171

26º encontro - A celebração da Eucaristia... 175

Celebração da Palavra 179

27º encontro - Reconciliação: formação da consciência cristã....................... 183

28º encontro - Reconciliação: volta a Deus e à comunidade 187

29º encontro - Matrimônio: célula da comunidade 193

30º encontro - Unção dos Enfermos - Sacramento da esperança.................. 197

31º encontro - Ordem - O sacramento do serviço... 201

RUMO AO REINO DEFINITIVO

32º encontro - Caminhando na esperança rumo ao Reino definitivo........... 207

ESPIRITUALIDADE CRISTÃ

33º encontro - Viver uma espiritualidade cristã - Experiência de Deus (I)........215

34º encontro - Viver uma espiritualidade cristã - Experiência de Deus (II)........219

35º encontro - A oração na vida do cristão (I) 223

36º encontro - A oração na vida do cristão (II).. 227

37º encontro - A oração do cristão 231

Celebração final... 237

Apresentação

Louvável e sinal de grande esperança reconhecemos no esforço missionário e de fé apaixonada da Comissão Arquidiocesana de Catequese de Belo Horizonte, especialmente de Inês Broshuis e de Neuza Silveira de Souza. Depois de um grande e esmerado trabalho, disponibiliza este livro, *Viver sob a luz de Cristo*, buscando dar passos na responsabilidade importante de atender bem a demanda da catequese com adultos, uma preocupação no caminho missionário da Igreja e uma exigência inadiável.

Os 37 encontros que compõem a proposta de um itinerário de educação permanente da fé podem ser adaptados às circunstâncias peculiares de todos e de cada um, e também receber complementações para enriquecer e permitir que se possa avançar para águas mais profundas neste horizonte rico da doutrina da fé cristã católica, com suas incidências determinantes na vida de cada crente.

A catequese com adultos e a formação de catequistas são urgências da ação evangelizadora e missionária na Igreja. Estas são condições para que se possa ser uma "Igreja Viva sempre em missão". São tarefas de primeiríssima importância, e merecem de todos os que anunciam o Evangelho uma especial atenção, testemunho e empenhos.

O Documento de Aparecida, no contexto do capítulo VI, abordando o caminho de formação dos discípulos missionários, ao falar da catequese permanente, nn. 295-300, sublinha o quanto ela é imprescindível em toda a formação cristã. O atendimento adequado desta demanda evangelizadora pede atenção e esforço redobrado para que os subsídios e materiais estejam integrados com a pastoral de conjunto e que utilizem métodos pedagógicos atualizados. Os catequistas precisam para isso de estreita colaboração e empenhada participação dos párocos, uma vez que lhes corresponde a tarefa de primeiros catequistas. A catequese, pois, tem a tarefa e a propriedade de fortalecer a identidade católica mais pessoal e fundamentada, promovendo uma decisiva adesão pessoal e comunitária a Jesus Cristo, Nosso Mestre e Senhor.

O desafio, portanto, é não fazer da catequese apenas uma formação doutrinal, mas uma verdadeira escola de formação integral.

O horizonte rico da catequese na história e na vida de nossa Igreja no Brasil patenteia aqui na Arquidiocese de Belo Horizonte nosso dever no cumprimento amoroso e apaixonado desta nossa tarefa missionária. Desejo, como primeiro catequista na condição de primeiro servidor em nossa amada Arquidiocese de Belo Horizonte, que nossa catequese seja qualificada, fecunda e conte com muitos operários e operárias para garantir a educação permanente da fé.

Congratulações à Coordenação Arquidiocesana de Catequese, especialmente à Inês e à Neuza, e agradecimentos, com as bênçãos de Deus, a todos os nossos catequistas.

Dom Walmor Oliveira de Azevedo
Arcebispo Metropolitano de Belo Horizonte

Viver sob a luz de Cristo

Viver sob a luz de Cristo é o título dado a este livro de catequese com adultos. Viver é nossa vocação. Viver sob a luz de Cristo é a nossa vocação plena. Chegar à realização da plenitude da nossa vocação é a maior alegria que podemos experimentar, algo que transcende o simples passar pela vida, porque cada ato vivido ganha significado profundo e sabor de eternidade. Viver sob a luz de Cristo é viver em Cristo, expressão de São Paulo, para falar da vida cristã, da nossa vida.

O viver em Cristo, com todas as suas consequências, é próprio da pessoa adulta, aquela que cresceu em suas responsabilidades humanas e sociopolíticas e que, igualmente, cresceu e amadureceu na fé. O crescimento e amadurecimento na fé é resultado de um processo catequético que, normalmente, começa cedo, passa pela juventude e se torna permanente na fase adulta. Passar por esse processo é aproveitar uma oportunidade única de deixar-se guiar pela pedagogia de Deus, que nos conduz para dentro dele mesmo, rumo ao Mistério de sua presença amorosa.

Este livro que você tem em mãos foi sonhado na Comissão de Catequese da Arquidiocese de Belo Horizonte. Ele surgiu primeiro em forma de artigos de Inês Broshuis e Neuza Silveira de Souza, publicados pelo *Jornal de Opinião*. Agora, foram reunidos os artigos e lapidados os textos, sendo cuidadosamente repensados pelas excelentes catequistas-catequetas Inês e Neuza.

Neuza, pessoa preparada porque estuda sempre, buscando saciar sua sede de profundidade e atualização, é uma catequista de longa experiência, que leva em conta as partilhas entre catequistas e a prática catequética, é uma assessora de muitos grupos de realidades diferentes.

Inês Broshui é um ícone da catequese no Brasil, escritora fecunda, exata, livre e sempre apoiada na Bíblia, a quem queremos homenagear pelas décadas dedicadas à educação da fé com vistas a uma pessoa-cidadã, seguidora de Jesus Cristo, uma Igreja-comunidade aberta, verdadeiramente povo de Deus, uma sociedade justa e fraterna. A você, Inês, nossa reverência.

Dom Joaquim Giovani Mol Guimarães
Bispo Auxiliar de Belo Horizonte

Dicas para o uso deste livro

Com o título *Viver sob a luz de Cristo*, a Arquidiocese de Belo Horizonte lança este livro para a catequese com adultos. Além de adultos em geral, quer também atingir catequistas e outros agentes de pastoral.

O livro está dividido em duas partes:

I. *Orientações gerais* para quem vai desenvolver os encontros com os adultos (oito capítulos)

II. *Trinta e sete encontros e seis celebrações* a serem trabalhados com os participantes, divididos em cinco unidades:

- Quinze encontros e duas celebrações sobre a BÍBLIA
- Cinco encontros e uma celebração sobre a IGREJA
- Onze encontros e duas celebrações sobre LITURGIA e SACRAMENTOS
- Um encontro RUMO AO REINO DEFINITIVO
- Cinco encontros sobre ESPIRITUALIDADE E ORAÇÃO e uma celebração final

Metodologia

- VER (a realidade)
- JULGAR (iluminar a realidade com a Palavra de Deus)
- AGIR (viver a Palavra)
- CELEBRAR (oração que brota da Palavra)

Observação

O texto deve ser sempre adaptado à situação e ao nível dos participantes quanto à linguagem e conteúdo.

Se o manual for usado para formação de catequistas, é bom lembrar que ele aborda o conteúdo da mensagem, mas precisa ser completado pela parte catequética propriamente dita, a saber, a metodologia e pedagogia conforme o Diretório Nacional de Catequese da CNBB (n. 84).

Esperamos que este livro possa servir de ajuda a todos que se dedicam à catequese com adultos e à formação de catequistas. A intenção aqui não é a de ser um elenco de verdades da nossa fé, mas um estímulo a um verdadeiro "viver sob a luz de Cristo" iluminado pela Palavra, levando à experiência de Deus, à profundidade de uma autêntica oração cristã, celebrada e vivida na comunidade e na liturgia.

PRIMEIRA PARTE

Orientações Gerais

Capítulo I

UM POUCO DE HISTÓRIA

Em tempos anteriores já se falava em catequese com adultos, mas depois do Concílio Vaticano II o assunto recebeu nova atenção.

O que causa estranheza ao se falar de catequese com adultos é o fato de não se entender o que é exatamente "catequese". A palavra vem do grego *kat-ekhéo*, que quer dizer "fazer ecoar". A catequese, de fato, tem por objetivo último escutar e fazer repercutir a Palavra de Deus. E é claro que não é só para crianças que a Palavra de Deus deve ecoar, mas para todos os membros da Igreja e para o mundo todo.

Nos primeiros tempos da Igreja, adultos ingressavam na comunidade. Muitas vezes, a família inteira aderia à novidade da mensagem de Jesus. Assim, entravam as crianças também, mas a grande preocupação era formar os adultos na fé, através de uma longa preparação que durava diversos anos, até que os convertidos fossem batizados, na Páscoa. Essa preparação chamava-se "catecumenato". Os que se preparavam eram os "catecúmenos".

Quando o cristianismo começou a se espalhar pela Europa, toda a sociedade tornou-se cristã. Começou-se a deixar para trás a catequese de adultos e surgiu a preocupação com a preparação das crianças para receberem os sacramentos.

A partir do século XVI essa preparação tornou-se "ensino". Surgiram os catecismos que ensinavam as verdades da fé. A catequese tornou-se "aula de doutrina".

Com o Concílio Vaticano II (1962-1965),[1] a visão da Igreja renovou--se e a necessidade da catequese para adultos apresentou-se.

Em 1971, a Igreja lançou um Diretório Catequético Geral. O documento pediu que se retomasse a catequese de adultos. Em vários paí-

---

[1] Assembleia dos bispos do mundo inteiro para tratar de assuntos referentes à pastoral e à renovação da Igreja diante da realidade que se apresentava no momento.

ses da Europa surgiram catecismos para adultos, mas não mais numa linguagem de perguntas e respostas teológicas. A partir da realidade, das perguntas e dúvidas do homem moderno, esses catecismos procuram dar uma resposta aos grandes anseios do ser humano, tendo como fonte a Palavra de Deus e a doutrina da Igreja.

Em 1977, houve um sínodo[2] sobre a catequese e o Papa João Paulo II colocou como primazia a catequese de adultos. Escreveu uma exortação apostólica chamada *Catechesi Tradendae*, em que diz que "a catequese de adultos é a principal forma de catequese, porque se dirige a pessoas que têm as maiores responsabilidades e a capacidade para viverem a mensagem cristã na sua forma plenamente desenvolvida" (n. 43).

No Brasil, também se tomou a sério a exortação do papa. Os bispos redigiram o documento Catequese Renovada (n. 26), em 1983. O documento dedica nove números substanciais à catequese de adultos (nn. 120, 123 a 130). Realizou-se a Primeira Semana Brasileira de Catequese, logo em seguida, para operacionalizar o documento por todo o Brasil.

Em 1997, foi editado, em Roma, um novo Diretório Geral para a catequese, dedicando um capítulo inteiro à catequese com adultos. Em vista da catequese com adultos, foi planejada a 2ª Semana Brasileira de Catequese, que se realizou de 8 a 12 de outubro de 2001. O tema escolhido foi: "Com adultos, catequese adulta". Lema: "Crescer rumo à maturidade em Cristo". Daqui em diante, falaremos de "CATEQUESE COM ADULTOS". Não é uma catequese "de cima para baixo", de professor para aluno, mas em nível de igualdade: juntos dialogamos, escutamos, procuramos e descobrimos a resposta às perguntas, dificuldades e dúvidas dos catequisandos adultos de hoje.

Em 2005, foi aprovado o Diretório Nacional de Catequese, que aplica o Diretório Geral de 1997 à situação no Brasil. No 6º capítulo, ele dá uma ampla atenção à catequese com adultos nas suas diversas situações e culturas.

No período de 6 a 12 de outubro de 2009 aconteceu a 3ª Semana Brasileira de Catequese, que se dedicou especialmente à iniciação da vida cristã, acentuando a catequese com adultos.

---

[2] Sínodo – Assembleia de bispos representantes das Igrejas locais, que se reúnem periodicamente sob a presidência do papa para tratar de problemas da Igreja Universal.

Capítulo II

O DESTINATÁRIO DA CATEQUESE COM ADULTOS

Quem é o destinatário da catequese com adultos?

Essa não é uma pergunta tão fácil de responder. Os adultos têm suas fases de maturidade, sua situação familiar e econômica, sua cultura, sua profissão... Tudo isso deve ser considerado na catequese com eles. Vamos colocar um aspecto entre muitos.

Adulto, um ser em constante crescimento

Sempre consideramos o adulto como alguém que chegou à maturidade, conhecedor de seus direitos e deveres, atuando com responsabilidade, como se isso fosse natural a partir da idade adulta.

As pesquisas psicológicas dos últimos 30 a 40 anos mostram que a idade adulta é uma fase de evolução e não uma etapa madura e fechada a um desenvolvimento posterior. Assim, está superado o conceito de pessoa "adulta", formada e educada completamente.

A maturidade é uma situação dinâmica de contínua evolução. A vida inteira é um processo de crescimento. Através das experiências da vida, de uma contínua aprendizagem, o adulto desenvolverá sua criatividade, sua autonomia pessoal, assumirá os compromissos e participará responsavelmente na construção da comunidade e da sociedade. O adulto conserva sempre sua capacidade de "aprender", de abrir os horizontes dos seus pensamentos, de pensar de um modo crítico e responsável, de ser criativo. Aprender supõe "mudar", passar por transformações, formar uma mentalidade nova. Isso é, às vezes, difícil para quem está muito apegado às suas convicções e ideias e não se abre para o "novo".

No tempo atual, essa "mudança" é difícil. O ritmo das transformações culturais e religiosas está tão acelerado, que é difícil para o adulto acompanhá-lo.

No aspecto da fé, as mudanças em nível religioso podem causar crises de fé e de identidade cristã. O adulto torna-se inseguro. Não sabe responder satisfatoriamente a perguntas fundamentais da sua fé. Sente o abismo entre as gerações, dificuldade de dialogar com os filhos, de orientá-los neste mundo em constante mudança.

Em tudo isso fica clara a importância da formação cristã dos adultos. Mesmo aqueles adultos que tiveram uma boa formação religiosa na sua infância e juventude vão sentir a necessidade de uma atualização, a fim de poderem justificar seu ser cristão. Constantemente, há novas descobertas, novos questionamentos que influenciam na vida de fé e de vivência cristã. Os meios de comunicação obrigam a assumir certas posições e colocam o cristão diante de perguntas sérias.

Quem poderá negar a necessidade da formação cristã dos adultos? Quando falamos de "catequese com adultos", isso pode soar como algo de iniciação. Mas a "catequese permanente" é necessária para todos. Quem não se coloca a par das mudanças do nosso mundo cultural e religioso ficará estagnado, com ideias ultrapassadas, que impedem um diálogo com o mundo contemporâneo: com os jovens, os operários, os intelectuais, como também com os pobres e marginalizados. Os adultos devem sair do seu infantilismo religioso e conhecer seu papel transformador dentro e fora da Igreja.

Os adultos devem ser motivados a procurar uma melhor formação. E, uma vez motivados, precisam encontrar agentes capacitados que possam ajudar na sua caminhada. É a partir do diálogo, da escuta, que se pode desenvolver uma boa catequese. Isso exige dos agentes um bom preparo. Eles são os primeiros a precisar de uma boa formação. E exige-se também da própria Igreja uma mentalidade de abertura e diálogo com a mulher e o homem modernos, que são críticos e, justamente por isso, muitas vezes afastados da Igreja.

Para refletir: Quais são as grandes perguntas que os adultos de hoje se colocam?

Capítulo III

AS FASES DE AMADURECIMENTO DA PESSOA ADULTA

Na nossa reflexão anterior já vimos que o adulto é um ser em constante crescimento. Vamos continuar o assunto.

O desenvolvimento de um adulto não se dá necessariamente segundo as fases "psicológicas" de amadurecimento da pessoa. É necessário considerar também as circunstâncias e acontecimentos concretos da vida.

O amadurecimento será diferente conforme a situação econômica: pobreza ou bem-estar, emprego ou desemprego.

Dependerá muito da vida familiar que o sujeito teve, ambiente afetivo ou não, presença ou ausência dos pais...

Os acontecimentos pesam muito no desenvolvimento da pessoa, os êxitos ou frustrações, os traumas, rejeições etc.

Por isso, não é possível classificar as pessoas em categorias rígidas. Cada etapa tem seus desafios. Mesmo assim, queremos apresentar algumas características das diversas etapas de amadurecimento.

O adulto jovem

A transição dos vinte anos é uma fase de busca de independência em relação aos pais, procura de responsabilidade e autonomia, de criar uma identidade própria. Procura de realizar o sonho da vida, as relações íntimas e afetivas, a realização profissional. O período dos vinte anos procura o equilíbrio entre o trabalho e a busca da intimidade, sobretudo através de uma relação amorosa com uma pessoa com quem se possa compartilhar a vida. Trabalho e amor são importantes.

Viver sob a luz de Cristo - Catequese com adultos

A *transição dos trinta anos* faz estabelecer novas metas: casar, ter filhos, fazer carreira. Novas responsabilidades são assumidas. O adulto dá os primeiros passos para a interdependência, tomando consciência da dupla necessidade de dependência e de autonomia.

Quanto à vida cristã dessa etapa, podemos notar os limites de uma catequese "infantil".

Dificilmente, nessa idade, a pessoa engaja-se em atividades pastorais. É necessário um grande investimento pastoral nessa faixa etária.

Há necessidade de um aprofundamento da fé diante das decisões da vida, uma visão cristã do amor, de família, do trabalho e do compromisso social.

Temas que interessam são: trabalho, desemprego, fé e política, justiça e paz, participação e responsabilidade, ecologia...

A faixa da maturidade

Nessa fase, aumentam o senso de responsabilidade e a capacidade de estar em relação com pessoas além do círculo reduzido da família e dos amigos. As pessoas sentem-se mais responsáveis pelas gerações futuras e pelo mundo no qual estas terão de viver.

Do ponto de vista religioso, ocorre, muitas vezes, o retorno à prática religiosa e ao engajamento pastoral. É uma idade de grandes recursos educativos e pastorais.

Temas significantes são: superação da crise da meia-idade, reencontro do sentido da vida, leitura cristã da vida, vivência de compromisso...

A catequese encontra aqui seu campo mais característico e rico de atuação: formação de fiéis maduros, engajados na comunidade.

A terceira idade

Nessa fase emergem novos valores e virtudes. A sabedoria prevalece sobre as capacidades físicas. A diminuição das forças físicas e a perspectiva de um final próximo levam a revisar o passado.

Do ponto de vista pastoral, essa faixa etária recebe geralmente pouca atenção, mas oferece grandes possibilidades. Com o envelhecimento da população, pode-se estimar que essa fase chegue a abranger uns vinte anos.

Devemos distinguir aqui também situações diferentes, nas quais alguns chegam mais cedo a uma grande deficiência física ou mental. Outros têm uma boa capacidade física e intelectual e podem ainda contribuir em muitos aspectos, tanto em nível social como pastoral. É um grupo que não pode ser subestimado.

Aspectos importantes da pastoral são: apoio físico, emocional, intelectual e espiritual; compreensão e aceitação dos limites da idade, crescimento da fé, participação dos idosos na vida da comunidade, preparação para a morte...

De tudo que vimos fica clara a necessidade de um bom trabalho com os adultos em todas as fases da sua vida. Eles têm algo para aprender, mas também muito para dar.

Para refletir: Observem, no seu ambiente, as características das diversas fases da vida adulta e como uma catequese pode oferecer mais orientação e conscientização.

Capítulo IV

DESAFIOS DA CATEQUESE COM ADULTOS

Vivemos num tempo de rápidas transformações e mudanças. O progresso da ciência e da técnica é tão grande que muitos se sentem perdidos, incapazes de acompanhar tanta novidade.

O mundo da informática, cada vez mais sofisticado, faz os mais velhos se sentirem "para trás", quase analfabetos do mundo moderno. Quem não sabe comunicar-se pela internet é considerado desatualizado. E isso acontece não só no mundo da informática. Parece também que para a ciência não há limites. Os conhecimentos adquiridos em tempos passados parecem superados. Em vez de cultivar o que se aprendeu, é cada vez mais necessário correr atrás de novos conhecimentos, mais atualizados.

Por outro lado, existe uma multidão de analfabetos e semianalfabetos à margem de uma sociedade supertecnicista.

A mundialização do mercado

O mundo se tornou um grande mercado, que estende seus sustentáculos por todos os continentes, por todos os países, ricos e pobres. O que importa é lucrar. Tudo deve ser sacrificado em favor disso. O ser humano ainda vale conforme o lucro que ele ajuda a aumentar. Os grandes valores humanos são ignorados. Ao ídolo do neoliberalismo são sacrificados milhares e milhares de vítimas: crianças sem condição de vida, pobres, analfabetos, desempregados, idosos...

O desejo de lucro leva as empresas a desrespeitarem o nosso planeta, esgotando recursos naturais e poluindo as águas e o ar, correndo o risco de destruir o hábitat humano para as futuras gerações.

O individualismo

Tal sociedade cria pessoas individualistas, somente preocupadas com seu bem-estar material. Caem no consumismo desenfreado e se fecham diante do palco de um mundo cheio de miséria e injustiça. A frustração, gerada pela busca de satisfação dos desejos, faz com que as pessoas percam o sentido da vida e, também, com que muitos corram atrás de satisfações como drogas, álcool e outros vícios. Procuram, muitas vezes, religiões esotéricas como solução mágica para sua insatisfação.

A ética sexual e social

Outra característica do nosso tempo são os critérios a respeito da sexualidade. Estamos diante de certa libertinagem quanto à vivência sexual. Os tabus antigos deram lugar a uma prática desenfreada do sexo. E com isso surgiram novas frustrações causadas pela falta de compromisso, pela instabilidade dos parceiros. A solidão que resulta daí leva, muitas vezes, cada vez mais a novas experiências e ao uso de drogas.

A falta de ética se dá também em âmbito social, especialmente no mundo das relações políticas e econômicas. As notícias de cada dia nos informam da falta de ética por parte de muitos políticos e donos de grandes empresas. O povo sente-se impotente, fica escandalizado, mas não sabe como modificar a situação.

A volta ao sagrado

Uma das surpresas dos tempos atuais é o que chamamos de "volta ao sagrado". Esperava-se um afastamento cada vez maior do sagrado, mas o que está acontecendo é o contrário. Há uma fome tão grande do sagrado, que isso até expõe as pessoas a charlatanismos diversos. Vale tudo: tarô, leitura de mão, cristais, práticas vindas de religiões orientais... As pessoas procuram uma solução para seus problemas pessoais, procuram energias positivas para enfrentar a vida. Basta olhar os diversos programas religiosos na TV.

Nota-se que muitas pessoas procuram satisfazer sua religiosidade fora de uma instituição, ou atravessam com facilidade diferentes tradições religiosas sem se firmar em nenhuma delas, ficando consequentemente descomprometidas com seus valores e exigências. Tal vivência se funda unicamente na experiência pessoal do sagrado, em geral com forte carga mística, emocional e envolvente, buscando o maravilhoso.

O pluralismo religioso

O pluralismo religioso é outra marca dos nossos tempos. Existe um pluralismo dentro da nossa própria Igreja. Nem todos pensam da mesma forma, mesmo em campo doutrinal. Isso traz preocupações e conflitos no seio da Igreja. Vivemos hoje conflitos de modelos eclesiológicos que afetam as relações pessoais, a pastoral e a presença profética da Igreja na sociedade. Necessita-se de diálogo dentro da Igreja para que espiritualidades diferentes unam forças em vista do essencial.

A crise ambiental

Preocupante é a grande crise ambiental, com previsões trágicas para a terra e a vida nela existente. O que está acontecendo? Desmatamento, extinção de espécies, desertificação, efeito estufa, mudanças climáticas, destruição de grande área da camada de ozônio, esgotamento da água potável. O acelerado crescimento da população mundial coloca em questão as possibilidades nutricionais do nosso planeta. Questiona nossa falta de distribuição dos "frutos da terra" e a falta de esforços em renunciar ao consumismo, sem pensar ainda no que se gasta em armas nucleares, dinheiro que deveria ser investido no progresso dos povos.

A violência

Um problema angustiante é, atualmente, a violência. Os presídios estão superlotados. As crianças vagam pelas ruas e são iniciadas na violência. Os cidadãos sentem-se presos, enquanto os criminosos andam soltos.

O tráfico de drogas, causa de muita violência, aumenta.

Por outro lado, existe a "impunidade" que protege aqueles que praticam a corrupção em alta escala, os altos salários e mordomias daqueles que governam, enquanto o operário não tem um salário digno. As grandes diferenças sociais, apesar de esforços por parte do governo, são uma das principais causas da miséria e marginalização do povo.

Algumas luzes nas trevas

Graças a Deus há algumas luzes nas trevas:

- a sensibilidade pelos direitos humanos;
- as diversas organizações não governamentais (ONGs) que lutam contra as situações de injustiça;
- o programa social do governo;
- por parte da Igreja, as Campanhas da Fraternidade, que abordam grandes problemas sociais, com realizações de projetos direcionados para a inserção social;
- A emancipação da mulher etc.

Para refletir: Como a catequese pode ajudar as pessoas a influenciarem nessa realidade?

Capítulo V

DIVERSAS FORMAS DE CATEQUESE COM ADULTOS

Hoje em dia, no Brasil, muito se tem feito pela formação dos adultos.

1. Conhecemos os círculos bíblicos e grupos de reflexão que estão acontecendo em muitas paróquias e comunidades, que ajudam os fiéis a aprofundarem as riquezas da Bíblia, partindo da realidade da vida, dos problemas e angústias do povo, procurando uma resposta, uma ação comprometida. Conhecidas são as reflexões feitas durante a Quaresma, ligadas à Campanha da Fraternidade; as Novenas de Natal e outros, que reúnem as pessoas da comunidade ou do bairro para uma eficaz preparação para as festas de Páscoa e Natal.

2. Existem ainda a preparação dos pais para o Batismo dos seus filhos e as reuniões com os pais das crianças que se preparam para o Sacramento da Penitência e da Eucaristia.

3. Há encontros de noivos, encontros com as famílias, formação sistemática nos diversos movimentos.

4. A formação dos catequistas é também uma forma de catequese com adultos.

5. Em certas paróquias ou foranias existem escolas de fé. A Arquidiocese de Belo Horizonte tem seu programa "Teologia viva" para formação dos adultos.

6. Está se espalhando, cada vez mais, a leitura orante da Bíblia.

Catequese sistemática

Nem toda a formação da fé é uma catequese sistemática. Há muita catequese "ocasional", conforme determinados temas ou acontecimentos. Muitas vezes, pessoas que participam de grupos de reflexão ou círculos bíblicos sentem a necessidade de ter uma visão integral da fé, de uma catequese sistemática.

O documento *Catequese Renovada* define assim a catequese: "Catequese é um processo de educação comunitária, permanente, progressiva, ordenada, orgânica e sistemática da fé. Sua finalidade é a maturidade da fé, num compromisso pessoal e comunitário de libertação integral" (CR 318).

Os diversos grupos para a catequese com adultos

Quem são os adultos que se beneficiariam com uma catequese atualizada, comunitária, sistemática e comprometida?

1. Aqueles que precisam ser iniciados. Hoje em dia, adultos que não foram batizados ou, sendo batizados, não foram preparados para os outros sacramentos. Não têm praticamente nenhuma vivência da fé. Para eles, é necessária uma iniciação sistemática, conforme sua situação, maturidade, escolaridade etc.

2. Os que foram iniciados na vivência dos sacramentos, ainda na infância, mas pararam por aí. Vão à igreja por ocasião de casamento ou falecimento de um ente querido. Também para eles torna-se necessária uma boa catequese.

3. Pessoas que vêm de outras Igrejas cristãs ou outras religiões. Precisam de uma catequese que leve em conta a formação religiosa que já receberam e que deve ser valorizada.

4. Adultos afastados da Igreja por diversas razões. São os que se tornaram indiferentes à questão religiosa, ou aqueles que passam de uma religião para outra sem se encontrar realmente. Querem experimentar de tudo um pouco.

5. Aqueles que se afastaram da Igreja por causa de alguma experiência negativa por parte da comunidade ou do clero. Há pessoas para quem a religião é uma coisa rotineira, sem compromisso, sem muita convicção.

6. Os católicos que realmente participam, que se engajam em pastorais e movimentos da sua comunidade. Mesmo para eles, um aprofundamento sistemático da fé pode ser uma necessidade e uma riqueza.

7. Há ainda os católicos sinceros, com espírito crítico, que têm dificuldade em aceitar certas normas, doutrinas e comportamentos propostos pela Igreja. É claro que essas pessoas precisam de um esclarecimento substancial, respeitando seu senso questionador.

Para refletir: Quais desses grupos refletem a realidade de sua catequese?

Capítulo VI

CONTEÚDO DA MENSAGEM CATEQUÉTICA

O centro da revelação é Jesus Cristo

JESUS CRISTO está no centro da mensagem evangélica. A partir de Jesus, vamos entender o sentido da vida e da história, o plano de salvação. Por isso, os Evangelhos que nos falam de Jesus, do seu agir e do seu falar, devem estar no centro da mensagem catequética. A vida, a morte e a ressurreição de Jesus formam a grande mensagem a ser transmitida. É o mistério pascal que celebramos e vivemos.

Jesus introduz no mistério trinitário

Jesus refere-se constantemente ao PAI que o enviou e lhe entregou uma missão. Toda a pessoa de Jesus está voltada para o Pai. É a vontade do Pai que ele procura. Essa vontade do Pai é a salvação da humanidade. É um projeto de amor, uma boa notícia, o caminho para a verdadeira felicidade vivida como a grande família de Deus. É um projeto de vida plena para todos.

Jesus também se refere ao ESPÍRITO SANTO que ele vai enviar a seus discípulos, à sua Igreja. O Espírito Santo é o amor entre o Pai e o Filho. É a grande força santificadora que emana do Pai e do Filho e que une todos num único Corpo de Cristo.

Aí está o mistério da Santíssima Trindade: por Cristo e em Cristo, o Filho, vamos ao Pai, unidos pelo Espírito Santo, que nos introduz na vida de Deus como filhos com o Filho, como a Comunidade, a Igreja de Deus.

Viver sob a luz de Cristo - Catequese com adultos

Jesus revela o homem ao homem

Jesus Cristo, imagem do Deus invisível, é também a imagem do ser humano. Devemos crescer rumo à maturidade em Cristo, diz São Paulo (Ef 4,13). Em Cristo torna-se claro o mistério humano, sua vocação, sua abertura para Deus, suas lutas e até suas tentações.

Em Jesus temos nosso guia, a luz que nos mostra o caminho, aquele que nos mostra nossa dignidade, o nosso valor aos olhos de Deus.

A catequese com adultos deve se preocupar com a formação humana, o valor e autoestima da pessoa, com sua situação, seu sofrimento, sua vida familiar etc. A partir da realidade da sua vida, a pessoa vai encontrar em Cristo uma resposta para suas buscas e angústias.

Jesus anuncia o Reino de Deus

A mensagem de Jesus sobre Deus é uma boa notícia para a humanidade. Jesus anunciou o Reino de Deus. É o reinado de Deus que já começa aqui e terá sua plenitude na eternidade. É um reino de paz, de justiça, de amor e partilha. Assim, a vontade de Deus será feita: a salvação, a libertação de todos.

Embora o Reino de Deus não possa ser confundido com a situação sociopolítica, econômica e cultural da nossa sociedade, devemos trabalhar para que essa realidade seja, cada vez mais, impregnada dos valores do Evangelho, dos valores do Reino. A catequese deve ajudar a desenvolver o senso crítico diante da realidade da nossa sociedade, do nosso ambiente, e formar os cristãos para uma atitude e atuação evangélicas diante de situações e acontecimentos, colocando verdadeiros sinais do Reino. Os cristãos são, no mundo, verdadeiros discípulos e missionários de Cristo, que têm a missão de transformar o mundo conforme o Projeto de Deus.

A Igreja é o sinal e o instrumento do Reino de Deus

O Espírito Santo une os seguidores de Cristo no único corpo de Cristo. O Espírito Santo forma a Igreja, a santifica e guia.

É na comunidade da Igreja que os fiéis vivem a fraternidade e a solidariedade e celebram o mistério pascal nos sacramentos que têm a Eucaristia como centro.

A Igreja deve continuar a missão de Jesus, que é anunciar e construir o Reino de Deus. O Concílio Vaticano II diz que a Igreja é sinal e instrumento do Reino. Isso quer dizer que a Igreja deve testemunhar os valores do Evangelho de tal modo que ela se torne uma verdadeira imagem, um autêntico sinal desse Reino.

Além de sinal, a Igreja é instrumento do Reino porque deve difundir esse Reino, anunciá-lo e dar sua contribuição para que o mundo se torne cada vez mais conforme o projeto de Deus.

Resumindo, o conteúdo da mensagem catequética é:

- Anúncio de Jesus Cristo, o mistério pascal (vida, morte e ressurreição).
- A dimensão trinitária da mensagem: Jesus, revelação do Pai, nos envia o Espírito Santo.
- Jesus, revelação de Deus, que é também revelação do homem conforme o plano de Deus.
- A Igreja, comunidade de fiéis, que tem como missão:
  - vivência de fraternidade e solidariedade;
  - celebração do mistério pascal na Liturgia (sacramentos);
  - ser sinal e instrumento do Reino.
- Vocação do batizado: engajamento na realidade terrestre, transformando-a em imagem do Reino de Deus.

Capítulo VII

BÍBLIA – FONTE PRIMEIRA DA CATEQUESE

Catequese com adultos como primazia

A Igreja está vivendo um grande momento para a evangelização. Percorrendo o caminho da catequese com adultos, nesses primeiros encontros, vimos que, a partir do Vaticano II (1962-1965), a catequese toma um grande impulso. Em 1977 acontece um sínodo sobre a catequese e João Paulo II a coloca como primazia, dizendo que a catequese com adultos é a principal forma de catequese, porque se dirige às pessoas que têm as maiores responsabilidades e a capacidade para viver a mensagem cristã na sua forma plenamente desenvolvida (*Catechesi Tradentae*, isto é, catequese hoje, n. 43).

A partir desse sínodo, a catequese vem insistindo em conseguir o seu lugar no processo de evangelização da Igreja como um processo de educação da fé, enfrentando os desafios de uma rápida transformação da sociedade nos seus níveis tecnológico, cultural e religioso. Tem como objetivo possibilitar às pessoas uma fé madura, responsável e comprometida com o Reino de Deus, um reino de irmãos. Assim, a catequese procura se concentrar naquilo que é comum para os cristãos, exercendo as tarefas de iniciação, instrução e educação, respeitando o ritmo de crescimento de cada um e as etapas de amadurecimento da fé.

O desafio continua e hoje a Igreja, considerada uma comunidade de fé, vida e testemunho, é convidada a continuar no seu papel de discípula missionária de Cristo. Mas, para bem exercê-lo, a comunidade precisa se inserir em uma boa formação catequética que lhe permita crescer e amadurecer na fé.

O Diretório Nacional de Catequese fala da catequese com adultos como uma prioridade, coloca a Bíblia como fonte principal e como conteúdo da mensagem catequética "Jesus Cristo".

Importância da Palavra de Deus

A Igreja percebe a necessidade de exaltar a importância da Palavra de Deus na vida da comunidade. Uma de suas preocupações é a de apresentar uma maneira de levar o povo a melhor ouvir o que Deus quer comunicar. Nós nos constituímos Igreja pelo acolhimento do anúncio da Palavra e pela escuta. Mas uma escuta que leve à ação. A escuta deixa marcas, enriquece a vivência espiritual, amadurece o conhecimento dos desafios.

Sínodo da Palavra de Deus

Em outubro de 2008, um dos eventos eclesiais marcantes foi a realização do Sínodo sobre a Palavra de Deus. Mas o que é um sínodo? Refere-se a uma assembleia periódica de bispos representantes das Igrejas locais que, presidida pelo papa, se reúnem para tratar de assuntos ou problemas concernentes a toda a Igreja. Esta quer que todos tenham um conhecimento da Palavra de Deus e percebam o grande valor e significado das Sagradas Escrituras para sua vida e missão. O sínodo traz recomendações sobre a formação de pequenas comunidades eclesiais onde possa ser escutada, estudada e pregada a Palavra de Deus.

A apresentação da mensagem evangélica ao povo é para a Igreja um dever, pois representa a beleza da revelação, comporta uma sabedoria que não é deste mundo e é capaz, por si só, de suscitar a fé, ou seja, fazer brotar e crescer uma fé madura que sustenta a vida em Deus. Ela é capaz de levar a uma experiência concreta, vivida com verdadeira participação, refletida, reinterpretada de tal forma que provoque transformações, que impulsione para uma mudança de vida com novos conteúdos e favoreça um sentido de vida existencial.

A Palavra de Deus é a base para a oração

Conhecer a Bíblia implica colocá-la na vida. Nós, católicos, rezamos, mas nem sempre oramos. Na catequese, muitas vezes se ensina mais a rezar (recitar orações) do que a orar como resposta a Deus que se comunica conosco. A catequese introduz, inicia na escuta e na acolhida da Palavra, provoca em nós uma resposta.

O sínodo sugere a prática da leitura orante com seus quatro momentos: leitura, meditação, oração e contemplação, como um momento de reflexão que muito contribui para um encontro pessoal com Deus e para transformar a Palavra em vida.

A pedagogia de Jesus

A catequese, quando bem trabalhada e vivenciada, desperta no coração o desejo de Deus, sua busca e contemplação. Ela tem suas raízes na revelação cristã. Portanto, a catequese deve tomar como modelo a pedagogia de Jesus. Seu jeito simples de ser e viver. Um agir que nos convida a nos colocarmos no seu seguimento e a nos empenharmos na comunidade como discípulos e discípulas missionários. Daí a prioridade da catequese com adultos para que eles sejam os discípulos missionários de Cristo que ajudarão a levar o anúncio a todas as nações em cumprimento à ordem do Cristo Ressuscitado: "Ide, portanto, e fazei que todas as nações se tornem discípulos... ensinando-os a observar tudo quanto vos ordenei" (Mt 28,19-20).

Para refletir: Por que a catequese com adultos deve ter a primazia no processo catequético? Por que a Bíblia é a fonte principal da catequese com adultos? Jesus se preocupou com a formação de adultos, não com a das crianças. O que marcou sua pedagogia?

Capítulo VIII

ORIENTAÇÕES PARA CATEQUISTAS QUE TRABALHAM COM ADULTOS

Para os evangelizadores de uma catequese com adultos existem algumas exigências:

1) **Precisam ser pessoas maduras**, adultas, com uma boa formação humana, bíblica e doutrinal. Serem bons comunicadores, saberem animar o encontro, trabalhar em grupo, dialogar e delegar tarefas. De preferência, não devem trabalhar sozinhos, mas sim que haja uma pequena equipe, para, juntos, prepararem, conduzirem e avaliarem os encontros.

2) **Participação na comunidade**. Sendo o processo catecumenal altamente comunitário e supondo a participação da própria comunidade, é necessário que os catequistas estejam engajados nela e testemunhem uma vida de fé e oração, centrada na Palavra e na Eucaristia, cumprindo seu testemunho cristão no seu ambiente, na comunidade e na sociedade...

3) **Os catequistas tenham uma consciência crítica**, uma certa visão da conjuntura política e econômica da realidade, uma vez que o cristão engajado vive seu testemunho não só na comunidade eclesial, mas também na sociedade civil.

4) **Os adultos sejam tratados como adultos**. Qualquer que seja sua condição intelectual, cultural ou econômica, sempre são pessoas que têm grande experiência de vida, sendo capazes de pensar e discernir. O catequista deve saber dialogar, escutar, "sentir". Não deve dar uma resposta pronta, mas buscar, junto com o outro, alguma luz para

Viver sob a luz de Cristo - Catequese com adultos

suas dúvidas, perguntas e problemas. Nunca é o "professor", aquele que sabe dar uma resposta simples e fácil. Por outro lado, é necessário que o catequista tenha um bom conteúdo e uma rica experiência para partilhar. Tudo depende de como isso é colocado em comum. E não se pode esquecer de que ambas as partes têm riquezas a partilhar. É um mútuo crescimento que pode criar grandes laços de fraternidade.

5) Precisa-se criar um ambiente de "comunidade" onde todos se sintam bem. O próprio encontro tem de ser uma experiência do que é comunidade eclesial. Os participantes precisam se conhecer, se estimular e procurar juntos aprofundar a fé, rezar com a Palavra de Deus, ser solidários, sabendo partilhar e ajudar-se mutuamente. Que haja um ambiente alegre, onde todos se sintam bem, aceitos e valorizados.

6) O método a seguir. Na segunda parte deste livro, oferecemos roteiros para desenvolver encontros com adultos. Seguiremos os seguintes momentos, conforme o método: ver – iluminar – viver – celebrar.

1. O VER, como ponto de partida, é olhar a realidade, a situação, as perguntas e as experiências dos participantes. Sem ligação com a realidade concreta, a catequese será algo abstrato e desligado da vida.

2. O ILUMINAR é ver a luz que a Bíblia traz para a realidade.

3. VIVER A PALAVRA pode ser alguma ação, mas também uma mudança de mentalidade, a formação para uma atitude evangélica, um novo modo de viver, de mudança, afinal, a conversão.

4. A ORAÇÃO QUE BROTA DA PALAVRA é um momento de oração e de interiorização muito importante. Devemos "sentir" o ambiente. Conforme a disposição dos participantes, pode ser de maior ou menor duração. Seja sempre uma interiorização profunda e bonita que fale ao coração. Que não haja a recitação de muitas palavras. De vez em quando, pode-se fazer uma celebração maior.

SEGUNDA PARTE

Encontros e
Celebrações

PRIMEIRA UNIDADE

Experiência humana e Revelação

1º encontro

O SER HUMANO À PROCURA DE SUA FELICIDADE

1. Faz-se uma calorosa acolhida dos participantes.

Através de uma dinâmica, procura-se "quebrar o gelo". Seja qual for a dinâmica a usar, no fim todos devem se conhecer pelo nome e saber algo a respeito da vida dos participantes: casado ou não, filhos, profissão etc.

Podem-se colocar as perguntas: O que os levou a chegar até aqui? O que estão esperando? O que gostariam de ouvir?

2. Combinar horário e local dos próximos encontros. Insistir na pontualidade e perseverança. Duração de cada encontro (sugerem-se duas horas; no mínimo, 90 minutos).

Todos tenham uma Bíblia, caderno para anotações...

A. Ver a realidade

1) Todo ser humano, mesmo aquele que vive superficialmente, se faz, de vez em quando, algumas perguntas:

- Por que existo? Qual a razão da minha existência?
- Por que a gente deve morrer? Será que há mesmo vida depois da morte?
- Será que Deus existe mesmo?

(Dialogar: Vocês também se fazem tais perguntas? Ou outras? Cochicho, dois a dois.)

Tais perguntas não deixam de angustiar. E, por isso, vai-se à procura de uma resposta. Procuramos o porquê da nossa vida. Fazemos mil perguntas a nós mesmos.

2) Não só a nossa inteligência, mas todo o nosso ser está constantemente à procura. Sentimos sede e vamos à procura de água. Sentimos fome e procuramos saciá-la. Sentimos dor e procuramos remédio.

A criança precisa de segurança e proteção, por isso procura os pais. Não gostamos de viver sozinhos; procuramos amigos. A mulher e o homem se procuram mutuamente para se amarem e se completarem.

Todo mundo quer ser feliz e vai à procura da felicidade.

Observemos como são importantes os nossos anseios. Se não existissem, nunca iríamos procurar satisfazê-los. Somos seres insatisfeitos. Acabamos de satisfazer um desejo e já sentimos outro.

(Dialogar: Quais são nossos principais desejos?)

B. Iluminar com a Palavra

B.1. O nosso coração está inquieto, até que repouse em Deus

Há uma sede em nós, não de água, mas de algo que vai além de tudo que podemos possuir. Precisamos de alguém que dê sentido à nossa vida. Diante da nossa fraqueza, da nossa impotência perante muitas situações, procuramos alguém em quem possamos nos apoiar. Diante do nosso desejo de amar e ser amado, procuramos alguém que nos ame incondicionalmente, assim como somos. Precisamos de alguém que nos faça exigências pelas quais valha a pena lutar e nos esforçar.

Se esses desejos existem dentro de nós, é sinal de que esse "alguém" existe. Se todo o nosso ser procura satisfazer seus desejos, que são estímulos necessários para tal procura, mais ainda é o desejo que busca o sentido último da nossa vida. O próprio Deus colocou em nós essa sede do Absoluto, para irmos à sua procura. A vida encontra seu sentido somente em Deus. Somente Deus pode satisfazer-nos plenamente. Essa procura de Deus é inerente ao ser humano. Mesmo aqueles que dizem não acreditar em Deus não deixam de ir em busca da felicidade; porém, não encontram uma resposta satisfatória. Santo

Agostinho já dizia: "O nosso coração está inquieto, até que repouse em Deus". Ele falou por experiência!

(Vamos ficar alguns instantes em silêncio. Sentimos essa sede de Deus? Já o encontramos, ou nosso coração está ainda à procura?)

B.2. A Bíblia fala constantemente sobre o desejo de encontrar a Deus

Vamos ouvir um trecho que fala sobre Moisés, o grande líder do povo da Bíblia, que fala do seu desejo de ver a Deus. Mas o Senhor lhe faz entender que ninguém poderá ver a sua grandeza e ficar vivo. Mesmo assim, Deus cobrirá Moisés com a mão, enquanto passa. Vamos ouvir essa bela leitura.

(Ler Ex 33,18-23. Feita a leitura, guardar alguns instantes de silêncio.)

B.3. Uma voz de hoje

Ouvimos também o que um poeta de nossos dias fala:

Sinto em mim um grande vazio, tão grande, do tamanho de Deus.
Nem o Amazonas, que é dos rios o rio, pode enchê-lo com os afluentes seus.
Tento, intento e de novo tento sanar esta chaga que mata.
Quem pode, qual é o portento que estanca esta veia ou a ata?
Pode o finito conter o Infinito sem ficar louco ou adoecer?
Não pode. Por isso, eu grito.
Contra esse morrer sem morrer, implode o Infinito no finito.
O vazio é Deus no meu ser (Leonardo Boff).

(Analisar e comentar o texto.)

C. Viver a Palavra

Sozinhos não podemos encontrar nossa felicidade. Precisamos dos outros. Para crescermos, precisamos de uma família, pais, amigos, esposa e marido, filhos... Crescemos juntos. Precisamos uns dos outros constantemente.

Também na vida de fé é assim. Precisamos uns dos outros; precisamos de uma comunidade para crescer na fé. Os encontros que estamos iniciando hoje são um meio para, juntos, aprofundarmos e inspirarmos nossa vida cristã. Assumamos o compromisso e procuremos ser perseverantes nessa caminhada.

D. Oração que brota da Palavra

Vamos rezar o Salmo 63,1-9, terminando com o canto: "A minha alma tem sede de Deus".

2º encontro

DEUS SE COMUNICA CONOSCO

A. Ver a realidade

No encontro anterior, refletimos sobre a sede de Deus, o Transcendente, que dá sentido à nossa vida. (Há ainda alguma pergunta ou observação do grupo?)

Uma outra necessidade nossa é a de nos comunicar. A comunicação pode ser superficial ou profunda. A comunicação é profunda entre as pessoas que se amam, se querem bem. Elas se abrem e se "revelam", como também se estimulam e se incentivam.

Nós nos comunicamos por palavras, gestos, olhares, carícias.

Reflitamos um pouco: Quais foram os momentos mais felizes de nossa vida? (Geralmente, foram os momentos de profunda comunicação, de amor e de amizade.)

B. Iluminar com a Palavra

B.1. Deus se manifesta por sinais

E Deus? Ele se comunica conosco?

Não podemos conhecer Deus diretamente, pelos sentidos. Ninguém nunca viu a Deus com os olhos, ou ouviu a sua voz.

Deus não se comunica diretamente, mas por intermédio de algo, de alguém... Deus se comunica por sinais. Isso acontece, de certo modo, também em nossa vida. O mais profundo do meu ser pode se tornar conhecido do outro somente se eu quiser me revelar. Se eu amo profundamente uma pessoa, mas não o demonstro, ela nunca saberá do meu amor. Mas, através de certos gestos ou sinais, ela pode percebê-lo: um sorriso, um abraço, um beijo, um presente, uma palavra, uma gentileza, um serviço prestado... Esses gestos exteriores revelam o que está dentro de mim.

Assim é Deus. Através de gestos ou sinais ele se revela, revela seu amor, sua amizade, sua grandeza, seu poder.

Quais são os sinais de Deus?

B.2. Deus nos fala através da natureza

Um sinal que muito nos fala de Deus é a natureza, o universo que nos cerca e nos impressiona. Diz o livro da Sabedoria: "São insensatos os que desconhecem a Deus e não reconhecem o Artista através das suas obras" (Sb 13,1). Vendo a imensidão do firmamento, com suas vias lácteas, seus planetas, o sol, que possibilita a vida na terra, ficamos profundamente impressionados. Mas também as maravilhas escondidas nas mínimas coisas nos causam admiração: um átomo, um inseto, uma gota d'água.

Percebemos a organização do grande universo: milhares de leis que fazem com que tudo corra perfeitamente; sentimos a grandeza e o poder de Deus e balbuciamos: "O que é o homem diante de Deus? Menos que um grão de areia, menos que uma gota d'água no mar imenso".

Admiramos não somente a organização da natureza, mas também sua beleza: o céu estrelado, as montanhas, o mar, as florestas, os animais, uma flor. E, novamente, nos extasiamos e admiramos a beleza que a natureza nos mostra. E cantamos com o salmista: "Narram os céus a glória de Deus e o firmamento anuncia a obra de suas mãos" (Sl 19,1).

B.3. Homem e mulher – imagem de Deus

Dentro da criação de Deus está o ser humano, a criatura mais perfeita.

Diz a Bíblia: "Deus criou o homem à sua imagem; criou-os homem e mulher" (Gn 1,27).

O ser humano revela Deus de um modo especial. É pelo amor humano que vamos entender algo do amor de Deus. É por tudo que é bom no ser humano que entendemos a bondade de Deus. É pela capacidade que o homem tem de criar, raciocinar, intuir, que entendemos algo do mistério de Deus.

Homem e mulher são chamados a revelar a Deus a seus semelhantes. Infelizmente, nem sempre correspondem à sua vocação. Em vez de serem sinais de Deus, são muitas vezes contrassinais. Tornam escuro, para o outro, o caminho que leva a Deus e até afastam o outro de Deus.

O que diz a Bíblia? (Vamos ler e comentar Gn 1,26-31.)

B.4. Descobrir Deus no cotidiano da vida

Deus se revela também nos acontecimentos da vida: o nascimento de um filho, a morte de um ente querido, a luta para conseguir um emprego, e assim por diante. Na dor e na alegria, na luta e na renúncia, na convivência, sentimos, muitas vezes e de modo especial, a presença de Deus. Depois de uma boa conversa, de um encontro, sentimos que Deus nos estava falando. Devemos descobrir Deus presente no dia a dia. Ele está nos falando, quando menos esperamos.

Para entender os sinais de Deus, precisamos ter fé. Quem não tem fé, vê as mesmas coisas e participa dos mesmos acontecimentos, mas não lhes entende o sentido, não descobre neles a presença de Deus. É como a pessoa que não sabe ler. Vê as letras, os sinais, mas não sabe interpretá-los. Assim, a pessoa que não tem fé vê os sinais, mas nem sempre descobre Deus. Sentir a presença de Deus nos seus sinais é "experiência de Deus". Há momentos fortes em nossa vida em que "experimentamos" Deus.

C. Viver a Palavra

Nesta semana, vamos prestar atenção e ver onde encontramos Deus: onde se vive o amor, onde se sabe perdoar, onde se constrói a paz, onde se experimenta a grandeza da natureza nas pequenas coisas... Fique um pouco em silêncio e agradeça a Deus por seu sinal.

D. Oração que brota da Palavra

Vamos guardar um profundo silêncio e nos lembrar de quando foi que sentimos fortemente a presença de Deus. Em seguida, podemos escrever, em poucas linhas, quando isso aconteceu e o que sentimos. (Reservar, para isso, no mínimo 15 minutos.) Depois, quem quiser, pode ler o que escreveu.

Em seguida, podemos rezar o Salmo 139,1-14.

Se conhecerem o canto, pode-se ainda cantar: "Senhor, eu sei que tu me sondas...".

Observação: Antes de entrarmos no aprofundamento da Bíblia, que será assunto de diversos encontros, aconselhamos pesquisar, na turma, o nível de conhecimento que se tem da Bíblia. Se for necessário, dedique um ou dois encontros para ver os principais livros da Bíblia, personagens e acontecimentos, o manuseio da Bíblia, a linha da história. O livrinho *ABC da Bíblia* (Editora Paulus) dá uma boa base para que depois continue os encontros.

Se o grupo já tem esses conhecimentos básicos, então segue-se para o 3º encontro.

3º encontro

BÍBLIA, PALAVRA DE DEUS EM LINGUAGEM HUMANA

A. Ver a realidade

Mostrar aos participantes alguns livros de gêneros literários diferentes: livro de histórias (pode ser infantil), jornal, livro de receitas culinárias, livro de estudo (ou outros tipos).

Lemos com olhos diferentes um conto de fadas e um relato num jornal. O primeiro é uma fantasia, descreve um mundo imaginário, mas transmite assim sua mensagem, seu recado. O jornal, pelo contrário, dá um relato mais exato de fatos realmente ocorridos. Um livro de ciências serve para estudar e tem linguagem didática. Uma poesia descreve, em linguagem simbólica, os sentimentos mais profundos. Um código de leis cita leis e prescrições e as explica. São todos de diversos estilos ou gêneros literários. Cada estilo deve ser lido de uma determinada maneira. (Que livros os participantes leem e de quais gostam?)

B. Iluminar com a Palavra

A Bíblia é uma verdadeira biblioteca. Numa biblioteca encontramos todo tipo de literatura: romances, poesias, livros de história e de ciência, contos de fadas, lendas, fábulas e assim por diante.

Assim, a Bíblia contém 73 escritos, de vários tipos: narrações, parábolas, lendas, fábulas, poesias, romances, sermões, cantos e orações, genealogias, códigos de leis, profecias, fatos históricos etc.

É bom saber que também os livros da Bíblia não devem ser lidos da mesma maneira. Há muitos estilos diferentes. Entendemos de maneira diferente um texto poético e o relato de uma guerra. Mas todos querem transmitir alguma experiência de Deus que o povo procura descrever.

B.1. A Bíblia relata a experiência de Deus do povo de Israel

A Bíblia relata a experiência de Deus do povo de Israel, do povo judeu e, mais tarde, dos cristãos. A experiência de Deus se deu através dos seus sinais: a natureza, as pessoas, os acontecimentos, como vimos no encontro anterior. O povo da Bíblia via e interpretava os sinais de Deus com os olhos da fé. Descobria Deus em tudo:

- os acontecimentos mostravam a presença libertadora de Deus;
- as suas leis lhes manifestavam a vontade de Deus na caminhada da vida;
- a terra que habitavam era um presente de Deus;
- a natureza maravilhosa os fazia descobrir o Deus-Criador.

Os acontecimentos foram refletidos e aprofundados. Os pais os contavam a seus filhos, de geração em geração.

Os profetas explicavam ao povo o sentido mais profundo dos acontecimentos. E o povo comemorava os fatos através de festas e celebrações.

Aos poucos, começaram a escrever suas descobertas.

Os escritos foram, mais tarde, colecionados e assim temos hoje um livro que nos conta como o povo fez a descoberta de Deus.

Agora, temos na Bíblia mais um sinal de Deus. Deus nos fala através da Bíblia. A Bíblia coloca uma luz sobre os acontecimentos de hoje e nos ajuda a interpretá-los.

B.2. A Bíblia se formou durante muitos séculos

A Bíblia não foi escrita de uma só vez. Os primeiros escritos datam de mais ou menos 900 anos antes de Cristo, e os últimos são de mais ou menos 100 anos depois de Cristo. Portanto, é uma literatura que se desenvolveu durante mais de mil anos.

B.3. Quem são os autores?

Muitas vezes, não sabemos. São homens de séculos diferentes, de diferentes profissões, de vários meios. Há poetas e romancistas, legisladores, sacerdotes, pessoas mais instruídas ou menos. Cada um escreve do seu jeito.

Os autores se expressam na linguagem de seu tempo, que não é mais a nossa. São orientais que, por natureza, são poéticos e usam muitos simbolismos. Não usam uma linguagem científica, mas simbólica.

B.4. A Bíblia está cheia de linguagem figurada

A Bíblia está cheia de linguagem figurada, como qualquer língua, também a nossa. Quantas vezes usamos, sem perceber, expressões como "morri de raiva"; "fulano quebrou a cara"; "João tem cabeça dura". (O que queremos dizer com essas expressões? Sabemos acrescentar outras?). A Bíblia tem também essas expressões e devemos conhecer o seu sentido, para que não tiremos conclusões erradas.

Nos últimos tempos, grandes descobertas foram feitas a respeito dos gêneros literários da Bíblia. Estudos demorados e intensivos foram realizados e podem nos esclarecer muitas coisas que talvez antigamente fossem interpretadas de maneira diferente.

B.5. A Bíblia não pretende ensinar ciência

A Bíblia não pretende ensinar ciência nem história, no sentido moderno da palavra. A Bíblia quer transmitir, na linguagem daquele tempo, a experiência que o povo teve de Deus. A ciência era ainda pouco desenvolvida. Por exemplo, não podemos saber pela Bíblia como foi exatamente a origem do mundo, o início da humanidade. A Bíblia não quer, nem pode, ensinar ciência. Mas é importante que descubramos a mensagem que o autor quer transmitir: a missão que Deus confia ao ser humano e sua responsabilidade neste mundo.

B.6. Não podemos fazer uma leitura fundamentalista

Uma vez que descobrimos que na Bíblia há muita linguagem poética e simbólica, não podemos tomar ao pé da letra tudo que está escrito na Bíblia. Devemos ter cuidado. Os fundamentalistas tomam tudo ao pé da letra e tiram conclusões erradas para a nossa vida hoje. Deus quer sempre nosso bem, o bem da humanidade, a libertação do pecado e suas consequências.

B.7. Vamos pesquisar

Leiamos Isaías 11,1-9. Que tipo de literatura é essa? Qual a mensagem que quer transmitir?

Lucas 8,4-8. Que tipo de literatura é? Qual sua mensagem?

1 Tessalonicenses 4,9-12. Que tipo de literatura é? Qual sua mensagem?

C. Viver a Palavra

É importante ter um grande amor à Bíblia. Procuremos fazer, diariamente, uma pequena leitura e descobrir a mensagem para nossa vida.

D. Oração que brota da Palavra

Vamos ler o Salmo 19. Primeiro, leiamos o Salmo em silêncio, refletindo sobre o seu conteúdo. Observem a sua linguagem simbólica. É uma verdadeira poesia.

Depois da leitura individual, podemos partilhar nossas descobertas.

Depois dessa reflexão, rezemos juntos o Salmo.

4º encontro

DEUS SE REVELA NA HISTÓRIA DE ISRAEL

(Para este encontro, providenciar um mapa de Israel [Antigo Testamento]. Se não conseguir, ele pode ser encontrado na própria Bíblia. Fazer uma cópia ampliada para todos. Também providenciar uma "linha da história" do Antigo Testamento, que pode ser encontrada na Editora Paulus ou Paulinas: um tipo de folheto intitulado "Panorama da história da Bíblia". O conteúdo deste encontro pode ser dividido em diversos encontros, aprofundando cada etapa.)

A. Ver a realidade

Todos os povos têm sua história marcada por épocas e acontecimentos que determinam seu crescimento ou recuo. Nossa história do Brasil também foi marcada assim. Quais foram os acontecimentos mais importantes? Quais os personagens que tiveram maior liderança? Em que sentido o Brasil cresceu, em que deve crescer mais?

Também o povo da Bíblia tem uma história marcando sua descoberta de Deus e sua missão. Havia pessoas e acontecimentos determinantes que têm sua importância até hoje para nós.

Para nós, é muito importante conhecer esses fatos e esses personagens, porque nos ajudarão muito a entender melhor o Novo Testamento, a Pessoa de Jesus, sua ação e sua mensagem libertadora.

B. Iluminar com a Palavra

B.1. Os patriarcas

No capítulo 12 do livro Gênesis, a Bíblia começa a contar a história de ABRAÃO. Abraão vem da região entre os rios Eufrates e Tigre,

Viver sob a luz de Cristo – Catequese com adultos **59**

chamada Mesopotâmia, no Oriente Médio (ver no mapa). Estamos por volta de 1850 a.C.

Abraão, chamado por Deus, deixa sua terra e se estabelece em Canaã (atual Estado de Israel). Abraão é o PATRIARCA ou o primeiro pai do povo da Bíblia. A Bíblia exalta sua fé, que dá origem à formação de um povo portador da bênção de Deus para um mundo em busca da salvação.

O filho de Abraão, Isaac, e o filho de Isaac, Jacó, são os primeiros pais ou patriarcas do povo da Bíblia.

(Leiam esta semana, em casa, a história dos patriarcas, no livro de Gênesis, capítulos 12 a 50.)

Nas últimas décadas do século XVIII antes de Cristo, muitos deixam a terra de Canaã e vão para o Egito, em consequência de problemas políticos e também por causa de uma grande seca que faz o povo passar fome. Estabelecem-se na terra fértil da região do rio Nilo, que transborda todos os anos, fertilizando a região. Entre os migrantes estão também os descendentes de Jacó.

B.2. Moisés e a libertação da opressão

Mais tarde, com a mudança da política no Egito, os "estrangeiros" são expulsos. E aqueles que ficam são obrigados a trabalhos pesados (cf. Ex 1,11).

A situação fica insuportável. Surge, então, um grande líder, chamado MOISÉS, que chefia a fuga do povo oprimido, o que se dá por volta de 1250 anos a.C. Essa libertação marca toda a história do povo da Bíblia. Aí descobre-se o Deus-Libertador, aquele que tira seu povo da escravidão (Ex 3,7-12).

(Não deixem de ler, em casa, no livro do Êxodo, os capítulos 1 a 5 e 12 a 20.)

Livres da opressão do Egito, os israelitas passam pelo deserto. É aí que descobrem a presença do Deus-Javé, que caminha com seu povo e faz aliança com ele.

B.3. Chegada na Terra de Canaã – Os juízes

Depois de uma longa caminhada, chegam à terra de Canaã. Moisés havia morrido no deserto e JOSUÉ toma a liderança. Em Canaã, o povo se estabelece nos espaços livres e nas montanhas.

A terra é o grande dom de Deus para seu povo. Mas não lhes é dada "de mão beijada". Há muitas lutas e guerras antes de poderem viver em paz.

O povo é liderado por homens chamados JUÍZES. São líderes que surgem no meio do povo, especialmente nos momentos de ameaça de guerra.

A Bíblia fala em 14 juízes. Os mais conhecidos são Gedeão, Sansão, Samuel. Houve também uma mulher, a juíza Débora.

O povo sente-se fraco diante das ameaças dos grupos existentes naquela região, especialmente dos filisteus. "Se tivermos um rei, um exército, mais organização, seremos mais fortes", pensa o povo. Deseja um rei como os povos vizinhos.

Nem todos estão a favor da monarquia. Temem o domínio, o autoritarismo. Sobretudo o último dos juízes, Samuel, um grande líder do povo, se opõe (1Sm 8).

B.4. A monarquia

Finalmente, o povo consegue seu rei. O primeiro é SAUL. Este não é feliz no seu governo e não consegue vencer o grande inimigo, os filisteus.

Depois, vem DAVI (por volta do ano 1000 a.C.). Davi é muito popular. Consegue vencer os filisteus, estabelece e até aumenta as fronteiras do seu reino. Faz de Jerusalém a capital, o centro político e religioso. É um tempo de grande prosperidade.

Quando, mais tarde, os tempos pioram, o povo se lembra do Rei Davi, desejando que um descendente dele assuma o governo.

Davi é sucedido por SALOMÃO, que constrói um grande templo em Jerusalém. É nessa época que surgem os primeiros escritos da Bíblia.

O povo não está satisfeito com o governo de Salomão: práticas pagãs, impostos altos, uma política que favorece o sul mais do que o norte do país. Surgem o latifúndio e o proletariado.

Por isso, com a morte de Salomão, desencadeia-se uma revolução no norte do país, o qual se separa do sul. Assim, há dois reinos:

Viver sob a luz de Cristo – Catequese com adultos **61**

- o Reino do Norte, chamado Israel, tendo Samaria como capital;
- o Reino do Sul, chamado Judá, tendo Jerusalém como capital.

No Reino do Sul governam os descendentes de Davi. No Norte há outras dinastias.

B.5. Exílio na Babilônia

No mundo daquele tempo, os grandes impérios se combatem. Israel e Judá não conseguem resistir às forças dos exércitos desses impérios. Assim, em 721 a.C., o Reino do Norte é tomado pela Assíria. Grande parte do povo é levada para o exílio na Assíria e Israel deixa de existir como nação.

O Império da Assíria é vencido pela Babilônia, que passa a dominar o mundo de então. Babilônia invade o Reino de Judá e, em 587 a.C., as pessoas de maior liderança política e religiosa são levadas para o EXÍLIO NA BABILÔNIA, onde permanecem durante 50 anos.

Esse exílio (587 a 539 a.C.) é um período muito importante na história do povo. Perdida a influência política, no meio da humilhação e do sofrimento, há uma nova experiência de Deus. Descobrem que Deus não está ligado a uma terra, ao templo, ao rei. Deus está com seu povo no exílio, em terra estranha, sem templo, sem culto. Nessa época e depois surge a maioria dos escritos da Bíblia.

No exílio, os profetas lembram a libertação do Egito. Certamente, Deus libertará de novo seu povo. Isso acontece em 539 a.C., quando a Pérsia vence a Babilônia e deixa o povo voltar para sua terra, então chamada Palestina.

B.6. O judaísmo

De volta à sua terra, os judeus são um povo dominado por nações estrangeiras. Não tendo mais poder político, o JUDAÍSMO se concentra na organização do culto, no estudo e na observância da Lei. O templo é reconstruído. Jerusalém é o centro do judaísmo, também para aqueles que se encontram fora da Palestina, na diáspora.

Há muitas pessoas simples e de fé profunda nesse povo. São chamadas "os pobres de Javé". Esperam uma ação de Deus, o envio de um novo rei, um Messias, filho de Davi. Deus virá para salvar seu povo!

(Vamos rever: Quais são as grandes etapas da história da salvação? Quais são as pessoas mais importantes?)

C. Viver a Palavra

Esta semana, leiamos os capítulos dos livros Gênesis e Êxodo, citados acima.

D. Oração que brota da Palavra

Recitemos o Salmo 136, versículos 1 a 16 e 23 a 26. Repitamos algum versículo que nos tocou. Depois, podemos cantar: "O povo de Deus no deserto andava...".

5º encontro

BÍBLIA – LIVRO DA ALIANÇA

A. Ver a realidade

Nossa vida está cheia de compromissos, de pactos e contratos. O mais conhecido é o casamento, um pacto de amor e fidelidade que duas pessoas assumem. Como sinal, colocam um anel no dedo um do outro. Esse anel se chama ALIANÇA porque simboliza amor e fidelidade mútuos.

Fazemos outros contratos: de compra e venda, de trabalho, de empréstimos de dinheiro etc.

A grande mensagem da Bíblia é a do amor de Deus para com seu povo, para conosco. Mas a Bíblia transmite essa mensagem com uma linguagem simbólica, poética.

A Bíblia diz que Deus quer fazer com seu povo um pacto, uma aliança de amor e fidelidade. Essa mensagem perpassa toda a Bíblia e tudo pode se reduzir a ela.

B. Iluminar com a Palavra

B.1. Deus se casa com seu povo

A Bíblia compara o amor de Deus para com seu povo a um casamento. Deus "se casou" com seu povo. É um casamento de amor, indissolúvel. Israel chama Deus de "esposo" e o povo é a "esposa".

O profeta Ezequiel conta isso numa linguagem poética. Parece quase um conto de fadas, em que o rei encontra uma mocinha pobre e abandonada, fazendo dela sua esposa, uma rainha.

(Vamos ler, juntos, o livro do profeta Ezequiel, capítulo 16,1-14)

Ezequiel mostra que o povo de Israel (representado por Jerusalém) é de origem pagã. Não pode orgulhar-se de ser um povo eleito, por causa de sua antecedência. É povo de Deus por pura GRAÇA.

O nascimento da menina, rejeitada por todos, simboliza essa graça. É a misericórdia de Deus que cuida dela, a faz bonita como uma rainha e a toma em casamento. Pela graça de Deus, Israel se torna sua esposa. Deus se liga a esse povo em amor e fidelidade para sempre. (Podemos ler também: Os 2,21-22; Is 62,5.)

Porém, os profetas constatam a triste realidade: Israel se mostra, muitas vezes, uma esposa infiel. Ela vai atrás de outros amores, os deuses pagãos. Ela se torna uma prostituta, dizem os profetas. Somente Deus é fiel. Sua esposa, não.

Observemos que, quando a Bíblia fala da idolatria do povo, ela a chama de "prostituição".

Porém, muitas passagens da Bíblia falam da misericórdia de Deus. Deus aceita, de novo, sua esposa infiel e esquece sua maldade.

Essa imagem se estende a nós hoje. Somos o povo de Deus, a Igreja, amada eternamente por ele. Deus espera do seu povo, agora também, amor e fidelidade.

Na carta aos Efésios, São Paulo diz que, com relação à Igreja, Cristo é o Esposo. A Igreja, a esposa, deve ser "sem mancha nem ruga ou qualquer outro defeito, mas santa e imaculada" (Ef 5,27). E cada um de nós é como a Esposa de Cristo, casada com ele em amor e fidelidade.

B.2. A aliança como contrato político

No tempo da Bíblia, os povos contraíam pactos políticos, cada parte determinando seus compromissos. Tais contratos foram firmados, muitas vezes, entre uma nação forte e poderosa e uma nação fraca, que precisava da ajuda da grande. O poderoso impunha suas condições (pagar impostos, construir prédios e estradas e outros serviços).

Foi tal tipo de contrato que inspirou a Bíblia a expressar a relação entre Deus e seu povo. Israel sente-se um povo pobre e indefeso, que procura em Deus-Javé sua força e proteção. Deus é o grande Libertador, que tirou seu povo da escravidão do Egito, caminhou com ele pelo deserto e o introduziu numa terra para aí habitar.

Mas Deus pede que, da parte do povo, haja amor e fidelidade. Ele dita suas exigências. São os seus mandamentos, a sua Lei. (Vamos ler Ex 19; 20,1-21.)

Não devemos entender os mandamentos como imposição de um rei poderoso e severo que quer subjugar seu vassalo. Deus dita essas leis para orientar o povo para uma verdadeira liberdade. Saindo da escravidão do Egito, livre do opressor, o povo corre o risco de cair em outra escravidão: um irmão oprimindo o outro. Para evitar isso, Deus propõe a Lei como uma luz no caminho da verdadeira liberdade.

B.3. Os profetas

Israel vive intensamente sua Aliança com Deus. Mas nem sempre é fiel. Desvia-se da Lei de Deus.

Então, surgem os PROFETAS. A vocação dos profetas consiste em chamar a atenção do povo para a fidelidade à Aliança. Falam em nome de Deus. Explicam os acontecimentos, ameaçam com os castigos de Deus para que o povo volte à Aliança.

Houve muitos profetas. A Bíblia apresenta 18 livros de profetas. Mas há também profetas que não deixaram escritos, como Elias e Eliseu. Os profetas são os guardiões da Aliança e fazem Israel descobrir algo muito importante: apesar da infidelidade do povo, Deus sempre oferece seu perdão, chama o povo de volta, oferece uma nova possibilidade. A grande experiência é *que o amor de Deus é maior que o pecado*.

Uma outra descoberta que o povo faz é que a Aliança não é somente para ele. A Aliança é universal e não se limita a um só povo.

A ideia da Aliança ilumina toda a Bíblia. À luz da Aliança, o povo explica sua história, a história dos patriarcas, a libertação do Egito, a posse da terra, o exílio de Babilônia, a criação do mundo, o sofrimento e a felicidade.

C. Viver a Palavra

Também em nossa vida Deus faz Aliança conosco. Por parte de Deus, seus benefícios, sua graça. Por nossa parte, uma resposta fiel, dada por amor.

Viver sob a luz de Cristo – Catequese com adultos

Vamos partilhar:

- Quais são os benefícios que Deus nos concedeu e ainda concede?
- Como é nossa resposta ao amor de Deus?
- Sentimos também, em nossa vida, que o amor de Deus é sempre maior que nosso pecado?

D. Oração que brota da Palavra

Vamos ler Oseias 11,1-4, em silêncio. Em seguida, podemos dizer o versículo que nos tocou, dizendo também por quê. Alguém lê o texto em voz alta, para terminar.

Sugestão de canto: Sobre o amor de mãe que recorda o amor de Deus.

SEGUNDA UNIDADE

Jesus Cristo, Revelação do Pai

6º encontro

JESUS, ESTA PESSOA FASCINANTE

A. Ver a realidade

Todos nós conhecemos pessoas a quem admiramos muito e que têm ou tiveram influência em nossa vida.

Vamos trocar ideias sobre essa nossa experiência. Por que essas pessoas são ou foram tão importantes para nós? Quais os grandes valores que nos ensinam ou ensinaram?

B. Iluminar com a Palavra

B.1. Deus se revelou de um modo único e definitivo numa pessoa: Jesus Cristo

Nas reflexões anteriores, vimos que Deus se revela através de "sinais": a natureza, as pessoas, os acontecimentos.

Mas Deus se revelou de um modo único e definitivo numa pessoa: Jesus Cristo.

O mistério de Deus é insondável. Deus ultrapassa tudo que podemos pensar e expressar sobre ele.

Falamos de Deus com muita facilidade. Parece que entendemos bem direitinho quem é Deus e o que ele quer. E cada um de nós faz uma ideia, uma imagem de Deus. Para alguns, Deus é um juiz severo. Para outros, Deus é um deus da natureza, que manda chuva e seca. É um deus milagreiro que intervém nas leis da natureza e faz milagres a cada hora. Há alguns que tratam Deus como um comerciante: é necessário dar ou prometer alguma coisa para poder pedir em troca. Outros consideram Deus um "quebra-galho", que resolverá os problemas que os homens não sabem resolver. Para os estudiosos, Deus é a primeira causa de tudo, o ser supremo, e assim por diante.

(Vamos pensar um momento: Quem é Deus para você? Vamos ouvir as opiniões.)

B.2. Como é Deus, realmente?

Podemos nos perguntar: como é Deus, realmente? Esse mistério insondável, que vai tão além de nossa capacidade de perceber e conhecer, como é?

Somente Jesus pode tirar o véu desse Deus misterioso. Na verdade, no Antigo Testamento, Deus já se revelou. Deus falava através dos profetas que mostraram o sentido dos acontecimentos. Mas, em Jesus, a revelação de Deus é perfeita e definitiva. (Ler Hb 1,1-2a). Por isso dizemos que nosso Deus é o Deus de Jesus Cristo, aquele Deus que Jesus nos revelou e que ele nos ensinou a chamar de PAI. Quanto mais conhecermos a Jesus, tanto mais conheceremos o Pai.

Dizemos que Jesus é a PALAVRA de Deus. São João diz: "A Palavra se fez homem e habitou entre nós" (Jo 1,14a).

Nós nos comunicamos pela palavra. Quando Deus se revela, se comunica, dizemos que Deus "fala". Ele nos fala através de seu Filho Jesus. Jesus Cristo é, por isso, a Palavra de Deus dirigida a nós.

B.3. Jesus nos revela também quem somos nós no projeto de Deus

Jesus não é só aquele que nos revela quem é Deus. Sendo homem perfeito, Jesus nos revela quem somos nós, qual o projeto de Deus a respeito do ser humano. Em Jesus temos o modelo do ser humano conforme o plano de Deus. Devemos ser como Jesus, viver, pensar, julgar, agir como ele: todo voltado para o Pai e todo voltado para os irmãos. Os dois aspectos são um só: voltando-nos para Deus, encontramos nossos irmãos.

Por que a pessoa de Jesus nos fascina tanto? Porque, sendo Filho de Deus, é tão humano, tão próximo de nós. A grande preocupação de Jesus é cumprir a vontade do Pai, realizar seu Plano de Salvação. Ele nos ensina a viver como filhos de Deus, amados infinitamente pelo Pai, e nos mostra o caminho para o convívio com nossos irmãos.

Toda a riqueza da mensagem de Jesus, nós a encontramos nos Evangelhos e nos outros escritos do Novo Testamento. Toda a nossa vida não será suficiente para aprofundar a mensagem de Jesus que nos quer revelar Deus, e quer tomar-nos pela mão, conduzindo-nos ao Pai e aos irmãos.

São Paulo era "louco" por Cristo. Escreve coisas maravilhosas a respeito de Jesus.

Vamos ler Romanos 8,35.39; Filipenses 3,8.

O que esses textos nos dizem? Sentimos também esse ardor?

C. Viver a Palavra

Esta semana podemos observar como as pessoas falam de Deus, que imagem de Deus elas têm.

Tragam suas observações para nosso próximo encontro.

D. Oração que brota da Palavra

Coloquemos no meio de nós uma vela bonita. Alguém pode acendê-la, enquanto todos cantam: "Quem me segue não anda nas trevas, mas terá a luz da vida" (cantar três vezes).

(Se o canto não for conhecido, pode-se cantar: "Vós sois o Caminho, a Verdade, a Vida...".)

Depois, vamos ficar em silêncio, observando a vela acesa. Alguém pode dizer, lentamente: "Eu sou a luz do mundo. Quem me segue não anda nas trevas". Repete-se isso com intervalos, observando o silêncio.

Depois de alguns minutos, pode-se terminar com o canto: "Quem nos separará, quem vai nos separar...".

Deixemo-nos envolver por essa luz e peçamos, no silêncio do coração, que Cristo ilumine a nossa vida.

7º encontro

JESUS NO SEU TEMPO

A. Ver a realidade

(Providenciar um mapa da Palestina no tempo de Jesus. Geralmente, as próprias Bíblias o trazem.)

Os homens e as mulheres não são somente eles mesmos:
São a região onde nasceram,
A casa da cidade onde aprenderam a andar,
As brincadeiras que brincaram na infância,
As conversas fiadas que ouviram por acaso,
Os alimentos que comeram,
As escolas que frequentaram,
Os esportes que praticaram,
Os poemas que leram,
E o Deus em que creram (Somerset Maugham, *em O fio da navalha*).

Em pequenos grupos, vamos comentar esse texto e acrescentar o que, na nossa opinião, ainda falta. O que marcou nossa infância, nossa juventude?

B. Iluminar com a Palavra

Jesus atuava numa situação bem concreta, o que influenciava seu modo de falar e agir. Dirigia-se a pessoas de um determinado ambiente, com seus costumes, sua vivência religiosa, seus problemas.

B.1. Jesus era judeu

Antes de tudo, é bom lembrar que Jesus era judeu. Foi formado na religião judaica, na Lei e nos profetas. Jesus não veio ensinar uma nova religião. Seus ensinamentos derivam das leis e tradições judaicas, com as quais ele se criou e as quais ele jamais negou.

Jesus trabalhou somente entre os judeus. Sua atividade pública durou poucos anos.

Não nos esqueçamos de que o cristianismo nasceu do judaísmo. Nosso berço está aí. Nossa raiz é comum.

B.2. A Palestina fazia parte do Império Romano

No tempo de Jesus, a Palestina fazia parte do grande Império Romano. Era mais um dominador estrangeiro, depois de tantos outros que o precederam. Povo dominado é povo revoltado. Jesus viveu toda uma situação de rebeldia política que afetava, de certo modo, também o aspecto religioso, que, naquele tempo, não se separava da política.

Quando Jesus nasceu, reinava o Imperador Augusto; quando morreu, o Imperador Tibério.

As diversas regiões do grande Império Romano eram supervisionadas por procuradores. Quando Jesus nasceu, o Rei Herodes, o Grande, supervisionava as regiões da Galileia, Samaria, Judeia e Pereia. Quando Jesus morreu, a situação já era outra. Governava o filho de Herodes, Herodes Antipas, na Galileia e Pereia, e o romano Pôncio Pilato, em Samaria e Judeia. (Conferir no mapa.)

B.3. O Sinédrio

Embora sob o domínio romano, os judeus tinham ainda um governo próprio, que lhes controlava a vida religiosa. Tal governo, chamado Sinédrio, não tinha poder político. Consistia em 70 membros: sacerdotes, escribas e anciãos. (Os anciãos eram os chefes das famílias da classe alta.)

O chefe era o sumo sacerdote. Era nomeado por Roma que, assim, controlava a atuação do Sinédrio.

B.4. O Templo

O centro de toda a religião era Jerusalém, onde estava o Templo. Havia somente um templo. (Nas cidades e aldeias havia sinagogas ou casas de oração.) O templo era o lugar do culto. Aí se ofereciam os sacrifícios a Deus: animais e produtos da colheita. O culto estava a cargo dos sacerdotes. Somente eles podiam oferecer sacrifícios a Deus, em nome do povo. Os levitas eram auxiliares dos sacerdotes.

B.5. As principais festas

Os judeus tinham também suas festas religiosas, que eram celebradas cada ano, com grande solenidade. Tais festas lembravam os grandes feitos de Deus para com seu povo. As principais eram:

Páscoa: a festa lembrava a libertação da escravidão do Egito. (Páscoa = passagem da escravidão para a liberdade). A festa era (e ainda é) marcada por uma refeição sagrada. Intercalada por leituras e salmos, comia-se o cordeiro pascal, o pão ázimo e as verduras amargas; bebia-se o vinho da salvação.

Pentecostes: 50 dias depois da Páscoa celebrava-se a festa de Pentecostes, lembrando a conclusão da Aliança no monte Sinai.

A Festa das Tendas lembrava os 40 anos em que o povo passou pelo deserto, beneficiado por Deus na dura passagem até a Terra Prometida.

B.6. Diversas correntes e grupos

No tempo de Jesus havia diversos grupos ou "partidos". Eram grupos religiosos e políticos ao mesmo tempo.

Os saduceus, em sua maioria, eram sacerdotes ou pertenciam às famílias ricas da aristocracia, dirigentes do povo. Preocupavam-se com o culto no Templo em Jerusalém. Colaboravam com os romanos, pois gozavam de muitos privilégios. Eram inimigos dos fariseus. Só aceitavam a Torá escrita (não a Torá oral). Não acreditavam na ressurreição, nem nutriam o ideal messiânico. O grupo desapareceu no ano 70 com a destruição de Jerusalém e do Templo.

Os essênios tinham uma organização comunitária muito rígida, com a ideia de representar o verdadeiro Israel. Os seus membros não tinham propriedade privada. Tudo era comum: casas, terras, rebanhos... Sua lei fundamental era viver em paz, do produto do próprio trabalho. Nos Evangelhos, não encontramos nada escrito sobre os essênios. Em 1948, foram descobertos escritos que falam sobre sua existência e seu modo de viver. Jesus não pertencia ao grupo dos essênios, mas certamente os conhecia.

Os zelotes procuravam implantar o Reino de Deus como um reino político, combatendo violentamente os romanos. Representavam o nacionalismo judeu mais rigoroso. Pertenciam às camadas rurais mais pobres. Jesus não participava desse grupo, mas alguns discípulos aderiram a suas ideias.

Os fariseus eram homens do povo: trabalhadores rurais, artesãos, comerciantes etc. Surgiram entre eles os doutores da lei que estudavam e ensinavam a Torá. Procuravam viver conforme a Lei. Os fariseus eram muito respeitados pelo povo por causa da sua observância da Lei. Nos Evangelhos, os fariseus são apresentados, muitas vezes, como representantes de um judaísmo legalista e até hipócrita. Provavelmente, essa descrição surgiu nos tempos das primeiras comunidades cristãs, quando a relação entre judeus e cristãos se tornou muito difícil. Mas no tempo de Jesus não era tanto assim. Jesus se comunicava com os fariseus, tomava parte de suas refeições e, muitas vezes, ensinava as mesmas coisas que eles. Entre os fariseus havia tendências opostas. Havia duas grandes "escolas": a do Shamai (um entendimento rígido da Torá) e a do Hillel (uma linha mais humana e próxima dos ensinamentos de Jesus).

Jesus não pertencia a nenhum dos grupos mencionados.

Com a destruição de Jerusalém, no ano 70, todos os grupos desapareceram, com exceção dos fariseus, que se tornaram líderes dos judeus sobreviventes e que, mais tarde, reorganizaram o judaísmo, agora uma religião sem o Templo e o culto, mas baseada na Torá.

C. Viver a Palavra

Hoje em dia, está surgindo uma maior compreensão do judaísmo, que é o berço do cristianismo. Procura-se um sincero diálogo entre ambas as partes. Descobrem-se as injustiças feitas com os judeus através dos séculos, também por parte da própria Igreja. Hoje, entendemos que Jesus não veio ensinar uma nova religião. Os ensinamentos de Jesus derivam das leis e tradições judaicas.

O Novo Testamento foi escrito a partir do Antigo Testamento. Em Jesus foi realizado o que o Antigo (ou Primeiro) Testamento revelava.

Como é nossa maneira de considerar o judaísmo? Como falamos sobre os judeus? Com desprezo, ou considerando que são nossos irmãos? (Vamos ler o que São Paulo diz sobre a eleição de Israel: Rm 9,1-5.16.)

D. Oração que brota da Palavra

Como bom judeu, Jesus rezava todos os dias a oração do "Shemá", assim como foi escrita para os judeus. Vamos procurar, na Bíblia, o texto de Deuteronômio, capítulo 6,4-9. Podemos partilhar o que mais chamou a nossa atenção.

Como nossa oração, hoje, vamos rezar juntos:

Ouve, Israel!
O Senhor nosso Deus é o único SENHOR.
Amarás o Senhor teu Deus com todo o teu coração,
Com toda a tua alma e com todas as tuas forças.
Trarás gravadas no teu coração todas estas palavras
que hoje te ordeno.

(Guardemos alguns instantes de silêncio para refletir sobre essas palavras.)

Sugestão de canto: Que trate sobre Jesus que veio para servir.

8º encontro

JESUS ANUNCIA O REINO DE DEUS

A. Ver a realidade

(Mostrar gravuras ou recortes de jornal mostrando situações de felicidade e outros de situações angustiantes.)

Todos nós sonhamos com um mundo melhor. Sentimos na pele os problemas para chegar à felicidade plena, tanto na vida pessoal como na sociedade. O que achamos que está faltando para que nosso mundo seja melhor? (Esperar as observações do grupo.)

B. Iluminar com a Palavra

B.1. Jesus veio pregar o Reino de Deus

O Reino de Deus é o cerne da sua mensagem. Já no Antigo Testamento, o povo esperava uma ação, uma intervenção de Deus na história. Esperava a vinda de um Messias, um rei que inaugurasse o Reino. Os tempos messiânicos seriam de grande paz e justiça (Is 29,18-21).

No tempo de Jesus, todo mundo esperava a chegada do Reino de Deus. Mas nem todo mundo tinha a mesma opinião a respeito desse Reino.

B.2. Como Jesus entende o Reino de Deus?

Para Jesus, o Reino de Deus não é um território, mas o REINADO de Deus. *Onde se faz a vontade de Deus, está o Reino!*

A oração do Pai-Nosso explica bem em que consiste o Reino de Deus. Nós a rezamos todos os dias:

Viver sob a luz de Cristo – Catequese com adultos
81

O nome de Deus será santificado
Sua vontade será feita
Os homens terão o seu pão necessário
A culpa será perdoada
O mal será vencido.

O Reino de Deus é para todos, especialmente para os pobres, os famintos, os tristes e oprimidos.

É uma nova ordem de justiça, liberdade, amor, perdão e paz. Deus está presente em tudo e em todos.

Tal Reino não se constrói sobre os valores do mundo: riqueza, violência, poder, status, mas na pobreza, no serviço, na fraternidade.

O Reino não é para uma elite, mas para todos, também para os pecadores.

Para explicar o que é o Reino, Jesus conta muitas parábolas. Ele usa imagens como a semente que cresce, uma colheita abundante, uma festa de casamento, fartura de pão e de vinho...

B.3. Quando virá o Reino? Onde acontece o Reino?

No tempo de Jesus, todos esperam o Reino em breve. Mas Jesus diz: "O dia e a hora, ninguém sabe, nem os anjos no céu, nem o Filho, somente o Pai" (Mc 13,32).

A plenitude do Reino está para vir ainda. Porém, o Reino já chegou na pessoa de Jesus. Com Jesus se inicia a fase definitiva, rumo à realização plena no fim dos tempos.

O Reino já está acontecendo. Onde se faz a vontade do Pai, onde se vive a fraternidade, onde se perdoa e se constrói a paz, onde se pratica a justiça e se luta por ela, onde se vivem os valores do Evangelho, lá está o Reino acontecendo! São como *sinais* da plenitude do Reino do fim dos tempos.

C. Viver a Palavra

O Papa Paulo VI disse que a Igreja deve trabalhar pela *salvação do homem todo e de todos os homens.*

Salvação, a verdadeira felicidade, a verdadeira libertação, abrange o ser humano integralmente, abrange todos os aspectos da sua personalidade. Para sermos felizes, nós precisamos de amor, de relações humanas, de amigos, de família. Precisamos também dos meios para nos manter, morar, estudar, escolher e exercer uma profissão. Precisamos de saúde, de paz. Sobretudo, precisamos saciar nossa sede de Deus e viver com os nossos irmãos como a grande família de Deus. Como estamos longe disso!

E não basta eu estar nessa situação de felicidade, ou a minha família e amigos, mas a salvação é para todos, diz o papa. Enquanto há pessoas sofrendo, não tendo o necessário para viver com dignidade, precisamos trabalhar juntos pela sua promoção. Cada um faça sua parte nessa grande missão.

Comparando o que Jesus diz sobre o Reino de Deus com o que Paulo VI definiu, estamos compreendendo, em linguagem moderna, o que é o Reino de Deus.

Cada um de nós tem sua parcela na realização do sonho de Deus.

O que estou fazendo para que aconteça o Reino de Deus ao meu redor?

Como nós, Igreja, estamos trabalhando a fim de que o Reino se concretize aos poucos?

D. Oração que brota da Palavra

Vamos ler Mateus 22,1-10.

Por que Jesus compara o Reino de Deus a uma festa?

Em seguida, de mãos dadas, vamos rezar o Pai-Nosso. Repitamos três vezes a invocação "Venha a nós o vosso Reino".

Vamos terminar com o canto "Buscai, primeiro, o Reino de Deus".

Celebração da Palavra
Deus nos acompanha na caminhada da vida

Primeira parte

Acolher os participantes. Fazer uma breve oração.

Recordar os encontros que tiveram. De que vocês se lembram? (Ouvir os participantes.)

Depois, o(a) dirigente recorda, brevemente, os temas dos oito ou dos nove encontros que já aconteceram.

Canto: "Toda a Bíblia é comunicação" (ou outro canto sobre a Palavra de Deus).

Segunda parte

(Para a celebração, precisa-se de uma vela grande (ou círio pascal) ou de uma tocha grande. Uma estante enfeitada para fazer as leituras e uma Bíblia (de preferência, bem grande. Os participantes formam uma fila, dois a dois, a uma distância da estante da Bíblia, para poder fazer a caminhada.)

Comentarista: Estamos aqui para celebrar aquilo que aprofundamos nos nossos primeiros encontros: a passagem do Povo da Bíblia, da opressão sofrida para a libertação. Nessa passagem, Deus estava presente, acompanhando seu povo. Numa bela linguagem simbólica, a Bíblia diz: "O Senhor precedia seu povo, de dia, numa coluna de nuvem, para lhes mostrar o caminho; de noite, numa coluna de fogo para iluminar, a fim de que pudessem andar de dia e de noite. De dia não se afastava do povo a coluna de nuvem, nem de noite a coluna de fogo" (Ex 13,21-22). (Um momento de silêncio.)

(Na frente da fila fica uma pessoa com a grande vela (ou tocha) e outra levando a Bíblia.) A fila se põe "a caminho" para a estante, onde se colocam a luz e a Bíblia. Enquanto todos caminham, canta-se:

Viver sob a luz de Cristo - Catequese com adultos **85**

*"O povo de Deus no deserto andava, mas à sua frente Alguém caminhava.
O povo de Deus era rico de nada; só tinha esperança e o pó da estrada.
Também sou teu povo, Senhor, e estou nesta estrada:
Somente tua graça me basta e mais nada".*

Comentarista: Chegando ao monte Sinai, Deus fez uma Aliança com seu povo e lhe deu as orientações, sua Lei, para encontrar a verdadeira libertação, não de domínio e opressão, mas de uma convivência de paz e liberdade, em harmonia com os irmãos. Vamos ouvir.

Leitura: Ex 19,1-8.

(No fim da leitura, todos repetem: "Faremos tudo quanto o Senhor falou". O grupo se coloca, novamente, "a caminho".)

Comentarista: Depois de uma caminhada dura pelo deserto, o povo entrou na Terra Prometida, procurando viver em fidelidade à Aliança. Os profetas lhes orientavam o caminho, fazia-lhes ver as infidelidades, levando-os a pedir perdão e à conversão.

Canto: *"O Povo de Deus também vacilava; às vezes custava a crer no amor.
O Povo de Deus, chorando rezava, pedia perdão e recomeçava.
Também sou teu povo, Senhor, e estou nesta estrada.
Somente tua graça me basta e mais nada".*

(O grupo para novamente na estante com a Bíblia.)

Comentarista: Hoje, o Povo de Deus somos nós. Deus continua sua Aliança conosco, manifesta seu amor, dando-nos uma nova Luz, a Luz de Cristo, que veio caminhar conosco dia e noite, indicando o caminho para nossa salvação e libertação.

Cristo resumiu a Aliança para nós no amor a Deus e ao próximo, e assim encontraremos nossa *Nova Terra Prometida, o Reino de Deus*, Reino de paz e justiça, de amor e partilha, de solidariedade e igualdade.

Leitura: Jo 12,46 e 8,12.

Canto: "Ó Luz do Senhor, que vem sobre a terra, inunda meu ser, permanece em nós" (3 vezes).

Comentarista: Nas trevas de hoje, somos nós que devemos fazer brilhar a luz de Cristo.

Vamos ouvir a leitura de São Mateus.

Leitura: Mt 5,14-16.

Comentarista: Vamos fazer algumas orações espontâneas que surgem a partir da celebração.

Sugestão de canto: Deve falar da vida nova em Cristo.

(Terminar com uma simples confraternização, um momento de entrosamento.)

9º encontro

JESUS NOS MOSTRA AS EXIGÊNCIAS DO REINO

A. Ver a realidade

Vimos que, para Jesus, o Reino de Deus não é um território, mas o reinado de Deus. Onde se faz a vontade de Deus, está o Reino de Deus. Assim, podemos descobrir o Reino no meio de nós e suas exigências para nós, hoje.

Vamos conversar um pouco sobre esse reinado. O que se passa em nossa casa, em nossa escola, no nosso trabalho, no nosso bairro, na nossa comunidade que está nos impedindo de ver o Reino de Deus acontecer?

O que está acontecendo para que o Reino de Deus se torne visível? (Comentar.)

Deus enviou seu filho Jesus com a missão de restabelecer o seu Reino na terra. Portanto, quando reconhecemos Jesus como aquele que caminha conosco e decidimos viver a vida de obediência que Jesus mesmo viveu, entramos no espaço do Reinado de Deus.

B. Iluminar com a Palavra

Percorrendo a Palavra de Deus, podemos ver de forma clara, em muitos textos, os ensinamentos de Jesus e o caminho para aceitar e viver as exigências do Reino:

B.1. Jesus nos ensina o caminho

O Reino de Deus foi inaugurado na terra quando Jesus veio a este mundo e o estabeleceu entre os homens. Sabemos que esse Reino oferece muitas alegrias, mas também há muitas exigências para aqueles que querem entrar e permanecer nele. Vamos fazer a leitura do texto de Lucas 6,20-49. O que vocês descobriram nessa leitura?

Essa leitura nos ajuda a realizar as mudanças em nossa vida, percebendo como devemos agir junto aos nossos irmãos na fé, e a assumir nossos compromissos cristãos.

O versículo 20 diz: "Erguendo então os olhos para os seus discípulos, dizia: 'Bem aventurados vós, os pobres, porque vosso é o Reino de Deus'". A palavra "pobre", que vem do grego *ptwcov*, significa humilde, aflito, sem influência. Essas pessoas, segundo Lucas, têm uma maior facilidade de receber a Palavra de Deus no coração, estão mais abertas e esperançosas. Daí Jesus as chama de bem-aventuradas.

Mateus 5,3, "Bem aventurados os humildes de espírito, porque deles é o Reino dos Céus". Jesus está se referindo à pobreza de espírito que, em outras palavras, tem a ver com desprendimento, humildade, simplicidade, modéstia.

Lucas 16,19-31, "O pobre da parábola do rico e o Lázaro". Lucas deixa claro que esse pobre praticou a obediência aos ensinamentos de Moisés e dos profetas, ouvindo-os. (Um tempo para fazer essa leitura e partilhar.)

B.2. Os pobres como receptores do Reino de Deus

A pobreza como exigência para se entrar no Reino é muito acentuada nos Evangelhos. Não é uma pobreza espiritualizada, mas bem concreta. Lucas a frisa bem: "Ai de vós, ricos. Ai de vós que estais fartos" (Lc 6,24-25). Também em Mateus 19,24-26: "E vos digo ainda: é mais fácil um camelo entrar pelo buraco de uma agulha do que um rico entrar no Reino de Deus". Ao ouvirem isso, os discípulos ficaram muito espantados e disseram: "Quem poderá então salvar-se?". Jesus, fitando-os, disse: "Ao homem isso é impossível, mas a Deus tudo é possível".

Para os discípulos e o contexto judaico em geral, o fato de uma pessoa ser rica poderia significar que ela gozava do favor de Deus. Jesus, porém, inverte essa posição. É possível que os ricos, em virtude de sua autossuficiência e estabilidade, menosprezem o Reino, rejeitando-o.

Jesus nos ensina que o Reino vai se constituindo com o caminhar da história de cada um. Ele diz: "O Espírito do Senhor está sobre mim, porque ele me ungiu para evangelizar os pobres. (...) enviou-me para restituir a liberdade aos oprimidos" (Lc 4,8); "Os cegos recuperam a vista, os coxos andam, os leprosos são purificados e os surdos ouvem, os mortos ressuscitam e os pobres são evangelizados. E bem-aventurado aquele que não ficar escandalizado por causa de mim!" (Mt 11,5-6).

Esses ensinamentos nos levam a perceber o que Jesus estava querendo nos dizer: sem a humildade, a simplicidade, sem aquela confiança no amor de Deus, como uma criança que confia no amor do pai, as pessoas não estão aptas para entrar no Reino dos Céus.

B.3. Exigências para entrar no Reino

- Lc 14,33: "Aquele que não renunciar a tudo o que possui, não pode ser meu discípulo";
- Lc 9,62: "Quem põe a mão no arado e olha para trás não é apto para o Reino de Deus";
- Mt 18,22: "Perdoar o irmão: não até sete vezes, mas até setenta e sete vezes";
- Mt 18,3: "... Em verdade vos digo que, se não vos converterdes e não vos tornardes como as crianças, de modo algum entrareis no Reino dos Céus";
- Mt 6,24: "Ninguém pode servir a dois senhores, com efeito, ou odiará um e amará o outro, ou se apegará ao primeiro e desprezará o segundo. Não se pode servir a Deus e ao Dinheiro".

Para compreender as exigências do Reino e colocá-las em prática, um dos caminhos é a oração. Jesus, que muitas vezes se retira para uma noite inteira de oração, também nos ensina a rezar e diz como devemos dirigir-nos a Deus (Lc 11,1-12; Mt 6,5-8). Ele nos ensina que a maior exigência do Reino é o AMOR.

C. Viver a Palavra

Temos a coragem de viver as exigências do Reino? Quais são as exigências que nos custam mais? Por quê?

Hoje em dia, fala-se muito que a Igreja deve ser pobre. O que quer dizer isso, concretamente? Em que isso se aplica a nós?

D. Oração que brota da Palavra

Vamos ficar um pouco em silêncio. A partir de tudo o que foi vivenciado, vamos escrever uma oração. Depois, quem quiser, pode rezar em voz alta a sua oração. Terminemos com um canto.

Sugestão de canto: "Senhor, fazei-me instrumento de vossa paz".

10º encontro

OS PREFERIDOS DO REINO

A. Ver a realidade

Jesus nos ensina que o Reinado de Deus está presente quando se faz a vontade do Pai. E qual é a vontade do Pai? Quando se promovem a justiça, o amor, a liberdade, o perdão, a paz. É um fazer acontecer esse Reino, não sobre os valores do mundo: riqueza, violência, poder, *status*, mas sobre a pobreza, no serviço, na fraternidade, na solidariedade etc.

Olhando a nossa sociedade atual, ela é constituída de pessoas privilegiadas: os bem-aceitos, os valorizados e os marginalizados: aqueles que se encontram à margem, e por isso, os preferidos de Jesus: os pobres, os desempregados, os negros, os homossexuais, os analfabetos, os descasados, pessoas com deficiências, prostitutas etc. (Ajude o grupo de catequizandos a refletir sobre essa realidade, a situação de cada grupo, como eles estão sendo tratados na sociedade...)

B. Iluminar com a Palavra

No tempo de Jesus, todo mundo esperava a chegada do Reino de Deus, mas nem todo mundo tinha a mesma opinião a respeito desse Reino, dessa intervenção de Deus. Lá também havia muitos marginalizados e Jesus, com sua atitude, nos ensina como agir. Quem são os marginalizados do seu tempo?

B.1. Os pobres

Aqueles que não têm dinheiro não contam, pois muitos consideravam a riqueza uma bênção de Deus e a pobreza um castigo. Mas

Jesus chama de "bem-aventurados" os pobres (Lc 10,21); e deles é o Reino (Lc 6,20b).

B.2. Os pecadores

Os mais marginalizados, religiosamente falando, são os pecadores públicos. São as prostitutas e os publicanos. Jesus está sempre tomando a defesa desses grupos (Lc 7,36-50). Conforme o Evangelho de João, capítulo 4, Jesus fala abertamente com uma samaritana. Naquele tempo um homem não podia falar com uma mulher na rua. Além de ser mulher, uma samaritana – inimiga do povo judeu, ainda tinha uma vida irregular (Jo 4). Jesus também diz: as meretrizes entrarão no Reino de Deus antes dos fariseus (Mt 21,28-31).

Os publicanos eram desprezados pela sociedade, não por serem pobres, mas porque se enriqueciam por práticas injustas. Eram considerados colaboradores do Império Romano, pois eram seus funcionários. O povo judeu evitava a convivência com eles. Mas Jesus entra na casa desses publicanos e toma a refeição com eles (Mt 2,15-16). Esse era um dos maiores escândalos da época. Um judeu não podia entrar na casa de um pecador e muito menos tomar as refeições com ele. As refeições para os judeus simbolizavam a presença de Deus no meio de seus amigos. Assim, como um inimigo de Deus podia sentar-se à mesa com eles! Mas Jesus toma essa atitude para mostrar que o Reino de Deus é para todos, também para os pecadores. A refeição é um símbolo da fraternidade que haverá no Reino de Deus.

Jesus entra na casa de Zaqueu, um publicano. Chama-o para segui-lo (Mc 2,14); perdoa a Pedro; perdoa ao bom ladrão. Jesus diz que haverá mais júbilo no céu por causa de um pecador que se converte do que por noventa e nove justos que acham não precisar de perdão (Lc 15,3-7).

B.3. Os pagãos

Os judeus não se comunicavam com os pagãos porque eles não aceitavam o único Deus dos judeus. Mas Jesus os acolhia e elogiava sua fé e fazia milagres em seu benefício (Mt 15,21-28 e Jo 4,46-53). Jesus nunca exclui quem o procura com fé e confiança.

B.4. As mulheres

As mulheres, mais do que hoje, eram marginalizadas, sem direitos, e dominadas pelo homem. Jesus está sempre a defendê-las. Ele mostra como o matrimônio deve ser respeitado e que o homem não pode mandar embora sua mulher (Mt 19,3-9). Em Lucas 8,1-3, a comunidade lucana nos mostra como diversas mulheres participavam do grupo dos apóstolos que seguiam Jesus. O Evangelho nos mostra, ainda, como Jesus até as ouve e, considerando suas falas, muda o seu agir. É o caso da mulher Cananeia que, na sublimidade do amor pela filha e pelos seus, transgride as leis e costumes da época e se aproxima de Jesus. Ela é mulher, é viúva, é pagã e estrangeira e por isso não podia merecer a atenção de Jesus. Mas ele lhe dá atenção e a ouve. Essa atitude de Jesus de acolhida lhe dá coragem para falar. Ela fala e toca o coração de Jesus e o ajuda no seu agir. Ele reconhece que não veio só para as ovelhas perdidas de Israel, mas para todos.

B.5. As crianças

Também as crianças não tinham vez naquele tempo. Pertenciam ao grupo dos pequenos e insignificantes. Mas Jesus as acolhe e diz que só se formos como uma criança que entraremos no Reino (Mt 19,13-15).

B.6. O povo em geral

Jesus está ao lado do povo que o procura e o segue. Ele se faz solidário com os pobres, marginalizados, prostitutas e publicanos, com os hereges (samaritanos), com os rejeitados da sociedade, com mulheres, crianças. Sua atitude não agrada às autoridades, que veem nele um blasfemador, um desobediente à Lei e, portanto, um falso Messias. Daí resulta a sua morte.

C. Viver a Palavra

Jesus aceitou as prostitutas, os pobres e marginalizados na sua mesa de refeição. Será que nós, colocando-nos no seguimento de Jesus, seríamos capazes de acolher os marginalizados da nossa sociedade, assim como ele? Em que devemos mudar a nossa mentalidade?

D. Oração que brota da Palavra

(Levar para o momento de oração gravuras de pessoas marginalizadas.) Observá-las durante alguns minutos e comentá-las. Rezar o salmo 146(145).

Sugestão de canto: "Pai-nosso dos marginalizados".

11º encontro

JESUS VEM NOS LIBERTAR DA LEI

A. Ver a realidade

Nenhum povo, nenhum país, nenhuma organização ou instituição pode alcançar seus objetivos sem leis e prescrições. Quando mudam as situações, as leis devem ser adaptadas e corrigidas. Importante é que a Lei vise sempre ao bem comum de todos, garanta a justiça, a liberdade e a igualdade de todos os cidadãos ou membros.

Nossas leis são sempre assim? (Comentar.)

B. Iluminar com a Palavra

B.1. A Lei sagrada: a Torá

No tempo de Jesus havia, além dos "Dez Mandamentos", muitas outras leis e prescrições que surgiram a partir das situações da vida do povo.

Todas essas leis e prescrições faziam parte da grande Lei de Deus, a Torá, que, conforme a Bíblia, foi transmitida por Moisés. Também as leis e prescrições que surgiram depois de Moisés faziam parte da Torá.

As leis e orientações da Torá se referiam ao culto, à terra, à situação de escravos e estrangeiros (basta ler os livros de Êxodo e Levítico para verificar). Também havia muitas prescrições referentes à vivência diária do povo: pagar o dízimo, observar o jejum, rezar sete vezes por dia, não comer carne de porco e de outros animais considerados impuros, fazer a romaria a Jerusalém, fazer as purificações rituais etc. Espe-

Viver sob a luz de Cristo – Catequese com adultos

97

cialmente, o sábado era legalizado em pormenores a fim de se guardar o devido repouso. São 613 prescrições a serem observadas.

B.2. A atitude de Jesus perante a Lei

Lendo os Evangelhos, observamos que Jesus toma certas atitudes bem claras diante da Lei. Jesus não veio abolir, mas aperfeiçoar a Lei (Mt 5,17-20). Ele vem mudar aquela mentalidade legalista que coloca a Lei como última norma. Para Jesus, o homem é a última norma (Mc 2,23-27). A Lei é feita para que o homem encontre sua felicidade, sua salvação. Mas, se a Lei começa a oprimir e sufocar, perde sua razão de ser.

Em certas ocasiões, Jesus até desobedece às leis. Vamos conferir isso em Marcos 3,1-5 e Mateus 12,9-13.

Também podemos notar que Jesus não é muito rigoroso quando a Lei determina observâncias ligadas a ritos e tradições (Mt 9,14-15; 15,1-20). Mas, quando se trata da vivência entre as pessoas, Jesus é, às vezes, mais severo do que a Lei. Paremos uns instantes e leiamos Mateus 5,21-48 (comentar os pontos em que Jesus é mais exigente do que a Lei).

Jesus vem mostrar um deus diferente, não um deus-juiz, mas um Deus Pai; não um deus vingador, mas um Deus misericordioso; não um deus dominador, mas um Deus amor, um Deus libertador. Jesus resume toda a Lei em um só mandamento: "Amar a Deus de todo coração, de toda inteligência e com toda a força, e amar o próximo como a si mesmo. Isto supera todos os holocaustos e sacrifícios" (Mc 12,33).

C. Viver a Palavra

E como são as nossas leis hoje?

Em nossa realidade percebemos leis justas que devem ser obedecidas em favor do bem de todos. Por exemplo, a lei do trânsito. Ela determina: respeitar os sinais, limitar a velocidade, usar cinto de segurança, não dirigir depois de tomar bebidas alcoólicas etc. Se todo mundo observasse essas normas, não haveria tantos acidentes.

Hoje, conhecemos o Decreto dos Direitos Humanos. Procuram resgatar a dignidade e centralidade da pessoa. Poderíamos até dizer que a Lei de Deus para a humanidade, hoje, é respeitar esses direitos humanos (que também devem ser constantemente revisados e aperfeiçoados).

Mas sabemos que há leis que beneficiam somente certos grupos, em prejuízo de outros. É necessário que haja mudanças nas leis a respeito de terras, sindicatos... Há leis que favorecem o racismo, que beneficiam grandes produtores, os ricos e os poderosos. Ao se perceberem os prejuízos que essas leis causam, elas devem ser criticadas, assim como Jesus o fez em seu tempo. E trabalhar para que elas sejam modificadas.

Promover a dignidade e os direitos das pessoas só é possível no amor e na justiça. Não há verdadeiro amor sem justiça, nem justiça plena sem amor. Grandes são os problemas que afetam os direitos e a dignidade humana nos diversos setores: trabalho, saúde, educação, violência, distribuição de terras, o menor, o negro, a mulher, o idoso, a família, o desemprego, as pessoas com deficiência, a liberdade de prática religiosa etc.

E não pensemos só em leis injustas na sociedade, mas olhemos também nosso próprio círculo de convivência: família, escola, trabalho, pastoral... O que prevalece: a lei, o preceito ou a pessoa?

Refletir

- Como estão as leis em nosso país? Garantem os direitos a todos igualmente? Como conscientizar nosso povo e ensinar-lhe a exigir mudanças, sem usar violência?
- Quando agimos de acordo com as "normas", esquecemo-nos de olhar a pessoa, sua situação, suas razões de agir, sua fraqueza humana...?

D. Oração que brota da Palavra

Vamos ler João 8,1-11 e comentar o texto.

Prevaleceu a Lei ou a misericórdia?

No final, pode-se cantar três vezes o mantra (observem a mudança da letra): "Onde reina o amor, fraterno amor, onde reina o amor, justiça se fará".

12º encontro

A VIDA NASCE DO AMOR
(A MORTE DE JESUS)

A. Ver a realidade

Num mundo de dominação, injustiça e violência sempre surgem pessoas corajosas que levantam a voz e vão à luta, arriscando até a própria vida. Nós as conhecemos. São os mártires da nossa época, que lutaram contra a discriminação e a opressão sob vários aspectos: Gandhi, Luther King, Dom Romero, Irmã Dorothy e tantos outros. Deram sua vida pelo povo.

Conhecem pessoas brasileiras que deram sua vida pela causa da justiça?

B. Iluminar com a Palavra

Hoje, vamos refletir sobre a morte violenta de Jesus. Quais foram as causas da sua eliminação? Deus quis a morte do seu Filho? Quer dizer que Jesus nos salvou por sua morte? São perguntas que se fazem, muitas vezes. Vocês têm também seus questionamentos? Quais?

B.1. Jesus é fiel à vontade do Pai

A missão de Jesus, que lhe foi entregue pelo Pai, é: libertar todos da dominação do pecado, libertar as vítimas da opressão e marginalização, revelar o Deus de Amor e de Misericórdia que procura as ovelhas transviadas, apelar para uma vivência religiosa autêntica e para o amor a todos, sem distinção de pessoas. É o Reino de Deus, de que já falamos nos encontros anteriores. Essa é a vontade de Deus à qual Jesus obedece, arriscando assim sua vida. Não podemos dizer que o Pai quis a morte cruel de Jesus. Assassinar pessoas de bem é um pecado terrível. Como Deus pode aderir a isso? A morte de Jesus é consequência da sua fidelidade à sua missão, consequência da maldade dos homens. O Pai quis que todos ouvissem a mensagem de Jesus e a colocassem em prática. Mas, por causa do seu falar e agir, Jesus entra em conflito com as estruturas políticas e religiosas do seu tempo.

B.2. Para as autoridades religiosas, Jesus é um grande desafio

Jesus se coloca acima da Lei (Mt 12,8) e acima do Templo (Mt 12,6). Diz que o ser humano é mais importante que a Lei ou o culto. Diz que ele mesmo é o Templo (Jo 2,18-22), revelando com isso não ser necessário, doravante, ir ao Templo para encontrar Deus, mas deve-se procurar o próprio Jesus. Ele se coloca acima de Moisés, o grande profeta e legislador, pilar de toda a religião judaica. Jesus perdoa os pecados, o que compete só a Deus.

Para muitos, tal pessoa é um herege, um falso profeta, um blasfemador. É um homem perigoso que desvia o povo do bom caminho. Deve ser eliminado (Jo 11,49-50).

Assim pensam os adversários de Jesus e conseguem sua condenação e morte na cruz.

Vendo em Jesus o Messias que vem libertar seu povo do poder dos romanos, as autoridades políticas também ficam "de olho" naquele homem que atrai tanto o povo.

São esses os motivos para entregar Jesus às autoridades e exigir a sua condenação. Não é a vontade de Deus, mas a maldade dos homens. Deus oferece, em Jesus, o caminho para a verdadeira felicidade. Mas a resposta da humanidade é um NÃO brutal a Deus. Porém, o Deus de Jesus é um Deus de Amor e Misericórdia. Em resposta àquele NÃO, Deus dá novamente seu SIM e perdoa e nos salva por causa do amor de Cristo.

B.3. As reflexões dos discípulos e das primeiras comunidades cristãs

Os discípulos (e as primeiras comunidades) ficaram refletindo muito sobre o sentido da morte de Jesus. Nada estava claro para eles.

Eles se enganaram quando seguiam Jesus no seu caminho? No pensar dos judeus, a morte de Jesus significou que a Lei triunfou. Jesus havia relativizado a Lei. Essa Lei se vingou agora! A maldição da Lei atingiu Jesus (cf. Dt 21,23). Ser crucificado era sinal da maldição de Deus!

Desse modo, Jesus se tornou o representante de todos os pecadores; a personificação do pecado. Estava recebendo o castigo que mereciam todos aqueles que não respeitavam a Lei.

Para os amigos de Jesus, acostumados a esse modo de pensar, a situação deve ter sido angustiante. Será que eles realmente haviam aderido a um falso profeta? O Pai, de que Jesus tanto falava, o tinha, realmente, abandonado?

Na hora da morte de Jesus, ninguém entendia ainda o pleno sentido do acontecimento. *Só aos poucos, sob a luz da ressurreição, iam entender o que Deus quis revelar e iam entender o sentido do sacrifício de Jesus.*

A afirmativa de que a morte de Jesus apagou os pecados da humanidade se baseia no pensamento judaico de que todo martírio de um justo tinha o sentido de holocausto, de expiação dos pecados do povo. Logo, os cristãos viram em Jesus o Servo Sofredor, o inocente de que fala Isaías, que tomou sobre si os nossos crimes e foi esmagado pelos pecados do seu povo. (Vamos ler Is 53.)

Também, os judeus estavam acostumados com os sacrifícios oferecidos a Deus no templo. Logo, os discípulos entenderam a morte de Jesus como um sacrifício oferecido a Deus para expiar nossos pecados. Com o sacrifício de Jesus pôs-se fim a todos os sacrifícios do Antigo Testamento. O próprio Cristo se sacrificou em favor de toda a humanidade. Derramou seu sangue, "o sangue da nova e eterna Aliança derramado por todos para o perdão dos pecados" (Oração Eucarística).

Pergunta: A reflexão de hoje mudou alguma coisa no nosso jeito de entender a morte de Jesus? Como?

C. Viver a Palavra

Quando, na missa, comungamos o corpo e sangue do Senhor, participamos da entrega total de Jesus ao Pai, para a salvação de todos. Nós, por nossa vez, devemos trabalhar a fim de que a salvação de Jesus chegue a todos. Que salvação é essa?

O Papa Paulo VI disse que a salvação abrange a pessoa toda e todas as pessoas. É a vida plena, vida em abundância. Não somente no sentido espiritual, mas a salvação atinge tudo que é necessário para a pessoa e todas as pessoas terem esta vida plena: união com Deus, paz, amor, família e amigos, saúde, instrução, trabalho etc.

Todos nós precisamos trabalhar para que essa vida plena, que Cristo nos trouxe, se concretize em nós mesmos, em nossa família, em nosso ambiente, em nossa comunidade...

Estamos realmente nos comprometendo com essa salvação?

D. Oração que brota da Palavra

Sugestão de canto: Deve falar sobre a plenitude de vida.

Fiquemos em profundo silêncio, prestando atenção à letra da música. Podemos prolongar ainda o tempo de silêncio para interiorizar tudo que ouvimos hoje.

Cantemos, finalizando: "Eu vim para que todos tenham vida, que todos tenham vida plenamente" (2 vezes).

13º encontro

A VIDA É MAIS FORTE QUE A MORTE (A RESSURREIÇÃO)

A. Ver a realidade

Podemos notar que, geralmente, o povo vive intensamente a morte de Jesus na Sexta-feira Santa. Todas as atividades param, o comércio fecha, as diversões e esporte não funcionam. Tudo se concentra na comemoração da morte de Jesus. As procissões são longas, o descimento da cruz reúne todo o povo. Por que não há a mesma participação na celebração da ressurreição? Vejamos algumas razões:

- A morte fala mais do que a ressurreição porque temos a experiência da morte e do sofrimento na vida diária. Não temos experiência da ressurreição. Ninguém nunca voltou da morte.
- Não percebemos que há "ressurreição" quando saímos da escuridão do sofrimento (doença, pobreza, morte de um ente querido...) e sentimos a alegria da vida. Quando vencemos uma "batalha", quando sentimos a força da solidariedade e do amor, não nos conscientizamos de que isso é uma experiência de ressurreição.

B. Iluminar com a Palavra

Não há testemunho mais unânime no Novo Testamento do que a ressurreição de Jesus. Deus ressuscitou seu Filho da morte (2Ts 1,10) e muitos dos seus amigos tiveram essa experiência.

A ressurreição de Jesus é o centro da mensagem cristã. Toda a pregação está impregnada desta mensagem: Deus não abandonou seu Filho, como parecia quando morreu na cruz. A justiça de Deus triunfou sobre a injustiça dos homens. Uma nova história se iniciou! (cf. At 2–3).

No escrito mais antigo do Novo Testamento, a primeira carta aos Tessalonicenses, Paulo já fala da ressurreição, e volta repetidamente ao assunto nas outras cartas. (Vamos parar e ler 1Cor 15,3-8.14, para verificar seu testemunho.)

B.1. Que significa "Jesus ressuscitou"?

Os judeus esperavam a ressurreição dos mortos, mas só no fim dos tempos, com a vinda do Messias e a chegada definitiva do Reino de Deus. Pregar a ressurreição de Jesus significava, então, que o fim dos tempos havia chegado, que o Reino de Deus chegara e o Messias já viera.

Que significa, exatamente, "Jesus ressuscitou"? Quer dizer: o Crucificado está vivo; está com o Pai; está também presente na sua comunidade, a Igreja. E quem se entregar a Jesus, com fé e confiança, viverá também.

A ressurreição de Jesus não é uma volta para esta vida terrestre. Também não quer dizer que Jesus continua vivo do mesmo modo como quando estava no mundo. Jesus entrou numa vida diferente, imortal, eterna, não sujeita às leis determinadas pelo tempo e espaço. Dificilmente podemos imaginar como é tal vida.

Acreditar na ressurreição de Jesus é também acreditar na nossa própria ressurreição. Deus é o Deus dos vivos, diz a Bíblia, que não entregará seu Filho à morte definitiva (Mt 22,31-32). Quem acredita no "Deus, Criador do Céu e da Terra" acredita também na "vida eterna", como rezamos tantas vezes, recitando o Credo.

B.2. As aparições do Ressuscitado

As aparições que os Evangelhos nos contam querem mostrar que Jesus continua presente no meio da sua comunidade. Lendo com atenção essas narrações, descobrimos que as pessoas a quem Jesus aparece não o reconhecem imediatamente. Primeiro, sentem medo ou duvidam. Também o corpo de Jesus é diferente. Aparece e desaparece de repente. Assim, as narrações querem mostrar que a ressurreição é algo em que se acredita, mas que não se prova. Não se pode "tocar" em Jesus. Às vezes, custa reconhecer a presença de Jesus.

Tais narrações foram escritas para os primeiros cristãos, que também tinham suas dúvidas. Foram escritas também para nós. Querem mostrar que Jesus continua presente de um modo novo, não ligado aos sentidos.

Também querem mostrar que Jesus continua atuando na sua Igreja. Sopra sobre os apóstolos e lhes dá o Espírito Santo, mandando-os perdoar os pecados (Jo 20,22). Jesus continua atuando na sua Igreja através dos sacramentos, através dos seus pastores.

B.3. A ascensão de Jesus

Quarenta dias depois da Páscoa celebramos a Ascensão do Senhor. Jesus "desaparece". Uma nuvem o esconde dos discípulos. Isso não quer dizer que Jesus subira, até chegar ao céu. Na Bíblia, a nuvem é um sinal da presença de Deus. A nuvem, na ascensão, tem o mesmo significado. "Vou para o Pai, mas continuo com vocês numa presença nova e atuante."

Rezamos no Credo: "Ele está sentado à mão direita de Deus Pai todo-poderoso". É outro simbolismo que quer dizer que Jesus, pela ressurreição, foi estabelecido Senhor do Universo. Ele participa do poder de Deus Pai. Julgará a história e o mundo, como rezamos no Credo: "De onde há de vir a julgar os vivos e os mortos" (cf. Sl 110).

B.4. A ressurreição de Jesus – penhor da nossa própria ressurreição

A ressurreição de Jesus é o penhor da nossa própria ressurreição (1Ts 4,13-14). Faz-nos viver, desde já, essa vida nova do Ressuscitado. São Paulo diz: "Fomos sepultados com Cristo na sua morte pelo Batismo, para que, como Cristo ressuscitou, nós também vivamos uma vida nova" (Rm 6,4).

A força do Ressuscitado penetra em nós pelo Espírito Santo e nos faz trabalhar para que este mundo seja transformado no Reino de Deus. O mistério pascal (paixão, morte e ressurreição do Senhor) tem tudo a ver com a construção de um mundo novo.

C. Viver a Palavra

A ressurreição do Senhor penetra, pela força do Espírito Santo, na nossa vida, na vida da comunidade, no mundo.

Cada vez que "vencemos" o mal (nos seus diversos modos) acontece "ressurreição".

- Qual o "mal" que deve ser vencido em nós?
- Como a ressurreição pode se dar na nossa comunidade? E no nosso mundo?
- Que podemos assumir, concretamente?

D. Oração que brota da Palavra

A força da ressurreição faz-nos sair do pecado, do desânimo, da tristeza, da opressão, da solidão. Faz-nos passar para o perdão, a alegria, a coragem, a comunhão, a vida nova.

Vamos formular algumas orações espontâncas.

Depois de cada oração, cantemos:

"Cristo ressuscitou, Cristo ressuscitou,
Vive em nosso meio. Aleluia".

(Pode também ser o refrão de um outro canto de Páscoa.)

14º encontro

O ENVIO DO ESPÍRITO
(PENTECOSTES)

A. Ver a realidade

Conhecemos pessoas que nos impressionam com seu exemplo de vida. São pessoas que vivem heroicamente dedicadas ao próximo, à Igreja. Ou mostram uma grande e positiva liderança, uma visão profunda dos sinais dos tempos, ou uma abnegação e serviço humildes. São impulsionadas pelo Espírito Santo. Nós as conhecemos?

B. Iluminar com a Palavra

Muitas vezes, lemos no Evangelho que Jesus promete mandar o Espírito Santo. São João nos conta como Jesus envia o Espírito Santo aos apóstolos (Jo 20,19-23) e sabemos da vinda do Espírito Santo no dia de Pentecostes.

Como entender o Espírito Santo? A Bíblia não fala tanto do seu SER, mas descreve seu AGIR.

B.1. A ação do Espírito no Antigo Testamento

Já no Antigo Testamento lemos sobre a ação do Espírito de Deus. Na língua original do Antigo Testamento, o hebraico, usa-se a palavra *ruah*, que significa "hálito, sopro de vida, vento" (em latim, *spiritus*, de onde vem nossa palavra "espírito").

A respiração é sinal de vida. Um morto não respira mais. O Espírito de Deus, o sopro de Deus, dá vida.

Logo no início, a Bíblia fala sobre o Espírito de Deus.

"O Espírito de Deus pairava sobre as águas" (Gn 1,2). Ele fará surgir a vida das coisas mortas.

Em Gênesis 2,7 está escrito: "Deus formou o homem do barro da terra, e inspirou-lhe nas narinas um sopro de vida e o homem se tornou um ser vivo".

O Espírito de Deus é também considerado uma força que opera nas criaturas. Ele age nos profetas e reis do Antigo Testamento.

Os profetas anunciam a ação do Espírito de Deus no povo de Israel: "Depois disto, acontecerá que derramarei o meu Espírito sobre todo ser vivo: vossos filhos e filhas profetizarão; vossos anciãos terão sonhos e vossos jovens terão visões. Naqueles dias, derramarei até o meu Espírito sobre os escravos e escravas" (Jl 3,1-2).

Podemos ler aqui também o lindo trecho do livro de Ezequiel, capítulo 37, versículos 1-14, e observar quantas vezes fala no sopro e no Espírito de Deus; e com esse sopro, o Espírito de Deus vai unir o povo disperso (tempo para leitura).

B.2. A ação do Espírito no Novo Testamento

Mais do que em qualquer homem, o Espírito de Deus atua em Jesus. Desde o início, Jesus está sob a influência do Espírito Santo (Lc 1,35).

Os Evangelistas veem no Batismo de Jesus uma manifestação do Espírito Santo, que unge Cristo para uma missão (Mc 1,9-11).

Jesus está cheio da força do Espírito (Lc 4,14a). Essa força o faz entregar-se à sua missão. É essa força que o faz doar-se até o fim, até a morte na cruz.

Jesus promete, repetidas vezes, mandar seu Espírito (observem que o Espírito de Deus é também o Espírito de Jesus) (cf. Jo 14,15-17; 14,26; 15,26-27; 16,7; 16,13).

O Espírito Santo já é dado na Páscoa, conforme o Evangelho de João (20,19-23). O livro dos Atos dos Apóstolos conta a vinda do Espírito Santo no dia de Pentecostes (At 2,1-8).

B.3. Os simbolismos do Espírito Santo

Como no Antigo Testamento, também o Novo Testamento conhece simbolismos do Espírito Santo. São João fala em *água* (Jo 7,37-39). O Espírito atua no Batismo para o perdão dos pecados.

No dia de Pentecostes, o Espírito se manifesta através do *vento e línguas de fogo*. Já vimos o sentido do vento, do sopro forte de Deus. É a força que dá coragem para enfrentar – como consequência da pregação do Evangelho – a luta e o sofrimento (cf. At 2,1-4).

O fogo significa luz e calor. O Espírito Santo iluminará os seguidores de Cristo. O calor do amor os unirá.

(A pomba que surge no Batismo de Jesus (Lc 3,21-22) parece simbolizar o Espírito de Deus que "pairava sobre as águas" na criação do mundo.)

B.4. A ação do Espírito Santo na Igreja

O Espírito Santo faz nascer a Igreja. Assim como Jesus nasceu "por obra do Espírito Santo" (Mt 1,18), também a Igreja nasce por obra do Espírito Santo.

Também é obra do Espírito renovar na Eucaristia o mistério pascal de Jesus. Ele vem fazer de nós um só povo, o verdadeiro Corpo de Cristo. (Leiam a parte central da Oração Eucarística.)

O Espírito Santo nos ensina toda a verdade (Jo 16,12-15) e nos faz conhecer Cristo e sua mensagem. Dará também força para transformarmos o mundo no espírito do Evangelho. Ajudará a lutar contra o pecado, tanto dentro de nós como nas estruturas pecaminosas do mundo.

Em resumo, o Espírito Santo quer formar em nós a imagem de Cristo, dar-nos força para viver como Jesus, morrer e ressuscitar com ele. O Espírito nos une como irmãos, na comunidade da Igreja e, através dela, atua no mundo. Mas também fora da Igreja o Espírito Santo age. Onde se encontram o amor e a verdade, o Espírito Santo está agindo.

B.5. Resumindo alguns pontos importantes

No fim desta parte da nossa catequese, vamos resumir alguns pontos importantes:

1. Deus é o mistério insondável que se manifesta, através da sua criação, por sua atuação na história e, de modo especial, na pessoa de Jesus Cristo, que nos ensina a chamar esse mistério de Pai.

2. Jesus é a máxima e definitiva revelação de Deus. Jesus nos revela Deus através de toda a sua vida, sua ação, suas palavras, sua morte e ressurreição.

3. O Pai e o Filho enviam o seu Espírito. É a força de Deus, o amor entre o Pai e o Filho, que atuam em nós, na Igreja e na história.

Aqui está a revelação da VIDA TRINITÁRIA de Deus, que deve penetrar toda a nossa vida e a vida da humanidade.

C. Viver a Palavra

Pelo Batismo, participamos da vida da Santíssima Trindade:

- Somos filhos amados do PAI e, por isso, todos irmãos.
- Jesus, O FILHO, nos revela quem é o Pai e nos leva ao Pai em união com ele.
- O ESPÍRITO SANTO nos une a Jesus e quer formar a imagem de Jesus em nós. Ele nos une em amor, nos transforma em "Corpo de Cristo" e inspira nossa ação para criar um mundo de paz e de amor para a maior glória de Deus Pai.

Vamos refletir sobre isso e ver se vivemos nossa vocação cristã nesse sentido.

D. Oração que brota da Palavra

Em cada missa, no final da Oração Eucarística, o celebrante resume toda a riqueza da Eucaristia numa fórmula trinitária:

Por Cristo, com Cristo e em Cristo,
A vós, Deus Pai todo-poderoso,
Na unidade do Espírito Santo,
Toda a honra e toda a glória, agora e para sempre. Amém.

E nós todos respondemos: AMÉM, AMÉM, AMÉM.

Agora, todos juntos, vamos rezar essa oração com todo o respeito e atenção.

Podemos terminar o encontro cantando: "Em nome do Pai...".

15º encontro

SABOREAR A RIQUEZA DO NOVO TESTAMENTO A PARTIR DO ANTIGO TESTAMENTO

A. Ver a realidade

Há pessoas ligadas à pastoral e à catequese que dizem que não precisamos mais do Primeiro Testamento. Agora, basta aprofundar o Novo Testamento como um novo começo de tudo.

Essas pessoas se esquecem de que, sem o Antigo Testamento, não teríamos o Novo. Aqueles que escreveram o Novo Testamento conheciam a fundo o Antigo, e é a partir deste que elaboraram o Novo.

No tempo de Jesus, não existia o Novo Testamento. Jesus agia e ensinava a partir do Antigo (também chamado Escrituras). Ele conhecia bem as Escrituras. Não quis aboli-las, mas apurava o seu verdadeiro sentido.

Diz Frei Carlos Mesters: "O Novo Testamento sem o Antigo é um prédio sem fundamento. O Antigo Testamento sem o Novo é incompleto, uma árvore sem fruto".

Chegando, agora, no fim das nossas reflexões sobre a Bíblia, vamos aprofundar um pouco mais a ligação entre Antigo e Novo Testamento.

B. Iluminar com a Palavra

Já vimos que a Bíblia se formou a partir da vida. A partir da busca do sentido da vida, a partir dos acontecimentos, o povo de Israel foi descobrindo Deus e sua ação salvadora na história. Eles refletiam sobre os acontecimentos, celebravam a ação salvadora de Deus através das suas festas e do seu culto e, mais tarde, escreveram as suas reflexões. Foram iluminados pelas palavras dos profetas que interpretavam o sentido dos acontecimentos. Assim, surgiu, aos poucos, o Primeiro Testamento.

O processo do Novo Testamento não foi muito diferente. Depois da ressurreição de Jesus e do início da Igreja, começaram a se formar pequenas comunidades que refletiam sobre os acontecimentos da vida de Jesus. Os primeiros cristãos eram judeus, viviam na comunidade judaica e não se separavam dela. Reuniam-se ao redor da Palavra de Deus que, no início, era somente o Antigo Testamento (At 13 e 15).

B.1. Os cristãos começaram a ler os escritos do Antigo Testamento com novos olhos

As Escrituras se iluminavam com uma nova luz, com um novo entendimento. Eles descobriram que as Escrituras falavam de Cristo veladamente.

Por exemplo: lendo sobre o maná do deserto, lembravam-se do que Jesus disse: "Eu sou o verdadeiro Pão da vida. Quem comer deste Pão viverá eternamente" (Jo 6,48-51).

Ouvindo falar da água que saiu da rocha, durante sua passagem pelo deserto, lembravam-se de que Cristo disse: "Quem tiver sede venha a mim e beba" (Jo 7,37).

Muitas pessoas são figuras de Jesus:

- Abraão, pai de um povo – Cristo, cabeça da Igreja;
- Moisés, o grande libertador – Cristo, o nosso Salvador;
- Davi, o rei, o ungido de Deus – Jesus, o ungido de Deus, o Messias.
- Também os profetas são figuras de Jesus. Ele os supera incomparavelmente.

Muitos acontecimentos são figuras da ação salvadora de Cristo: a libertação do Egito, a passagem pelo mar Vermelho, a entrada na Terra Prometida.

Toda a Antiga Aliança prefigura a Nova Aliança concluída na cruz, o sacrifício por excelência, oferecido a Deus por um novo Sacerdote, nosso Sumo Sacerdote Jesus Cristo. A Antiga Aliança não foi cancelada, mas aperfeiçoada pelo sacrifício de Jesus.

Toda a história do povo de Israel é sinal e figura da Igreja.

B.2. Por que conhecer o Antigo Testamento?

No Novo Testamento são usadas muitas expressões, nomes e acontecimentos do Antigo Testamento. Sem conhecer o Antigo Testamento, não se pode entender toda a riqueza do Novo Testamento.

Vamos interromper nossa conversa agora e formar pequenos grupos. Cada grupo procure ver como o Antigo Testamento fala do Novo Testamento. Depois, cada um apresenta aquilo que descobriu.

Antigo Testamento	Novo Testamento
Is 35,4-6 e 61,1-2	Mt 5,3-10 e 11,2-5; Lc 4,16-21
Is 42,1	Mc 1,10-11
Is 11,1	Jo 1,33
Am 8,11	Jo 6,32-35 e 7,37
Ex 33,7-8	Jo 1,4
Nm 21,6-9	Jo 3,14-15
Ex 16,14-31	Jo 6,32-49
Ex 17,1-6	Jo 7,37-38
Ex 13,21	Jo 8,12
Ex 12,46	Jo 19,33.36

B.3. Surgiram os livros do Novo Testamento

O Antigo Testamento foi o primeiro livro da jovem Igreja, mas logo se sentiu a necessidade de relatar também o que acontecera com Jesus, o que ele ensinara, quem ele era. Assim, surgiram os Evangelhos, todos se referindo ao Antigo Testamento.

Viver sob a luz de Cristo – Catequese com adultos

Os escritos mais antigos do Novo Testamento são as cartas de São Paulo. São mais antigas que os Evangelhos. São Paulo morreu em 67, antes da destruição de Jerusalém. Ele escrevia para as comunidades que, em grande parte, fora ele mesmo que fundara. Escrevia a partir dos problemas e dificuldades que surgiam nessas comunidades.

(Podem consultar o índice da Bíblia para ver os outros livros do Novo Testamento.)

C. Viver a Palavra

Depois do que acabamos de refletir, entendemos como é importante ter também certo conhecimento do Antigo Testamento. Na celebração da Palavra, aos domingos, sempre ouvimos uma leitura (a primeira leitura), geralmente tirada do Antigo Testamento. Muita gente não a entende e não lhe dá muita importância. Mas essas leituras são importantes, sim, porque falam indiretamente sobre Jesus e sua obra de salvação.

O que está faltando à nossa formação bíblica? Como podemos melhorar?

(Para se familiarizarem um pouco com o Antigo Testamento, vocês poderiam começar a ler, em casa, as narrativas que se encontram nos livros de Gênesis e Êxodo, capítulos 1 a 24.)

D. Oração que brota da Palavra

Vamos ler Isaías 61,1-3 e Lucas 4,14-21.

Observemos que Jesus veio cumprir a profecia de Isaías. (Comentar.)

Terminemos com um canto que fale sobre o Reino de Deus.

Celebração da Palavra
Viver no mistério da Trindade

(**Ambiente:** Bíblia, vela grande ou círio, um grande cacho de uvas naturais, um cálice com vinho. Preparar uma confraternização simples para depois da celebração.)

Introdução (dirigente): Chegamos ao final da primeira parte do nosso programa. Vamos recordar os principais temas abordados. Quais foram? (Partilhar.)

Como sintetizar tanta riqueza numa única celebração?

São João, em sua linguagem simbólica profunda, nos passa uma mensagem que nos pode ajudar a resumir toda a riqueza estudada nas últimas semanas.

Para iniciar, vamos cantar.

Todos: "Em nome do Pai, em nome do Filho, em nome do Espírito Santo estamos aqui..." (2 vezes).

Vamos ouvir a leitura de São João 15,1-11 (leitor masculino).

"Eu sou a verdadeira videira e meu Pai é o agricultor.
Todo ramo que não dá fruto, ele corta, e todo o que produz fruto ele o poda, para que dê mais fruto ainda. Vós já estais limpos por causa da palavra que vos falei.
Permanecei em mim, e eu permanecerei em vós."

(Breve momento de silêncio para que a Palavra nos inunde.)

"Como o ramo não pode dar fruto por si mesmo,
se não permanecer na videira,
Assim também vós não podereis dar fruto se não permanecerdes em mim.
Eu sou a videira e vós, os ramos.
Aquele que permanecer em mim, e eu nele, dá muito fruto;
Pois sem mim, nada podeis fazer. (breve momento de silêncio)

Se permanecerdes em mim, e minhas palavras permanecerem em vós,
Pedi o que quiserdes, e vos será dado.
Nisto, meu Pai é glorificado: que deis muito fruto
e vos torneis meus discípulos."

(Breve momento de silêncio.)

"Como meu Pai me ama, assim também eu vos amo.
Permanecei no meu amor.
Se observardes os meus mandamentos, permanecereis no meu amor,
Assim como eu observei o que mandou meu Pai e permaneço no seu amor.
Eu vos disse isso, para que minha alegria esteja em vós, e a vossa
alegria seja plena."

(Breve momento de silêncio.)

Dirigente: Agora, vamos, cada um(a) por si, ler novamente o texto e sublinhar (ou contar) as palavras "permanecer" e "dar fruto" (tempo para fazer isso).

Vamos refletir

- Quantas vezes as palavras "permanecer" e "dar fruto" se repetem? O que será que isso quer dizer?
- Que significa "permanecer em Cristo" na prática da nossa vida?
- Que significa "dar fruto"?

Dirigente: A videira simboliza a comunidade. Os membros da comunidade são os ramos. Estão todos entrelaçados entre si e unidos a Cristo. A comunidade deve ficar unida pelo amor. A comunidade é enviada ao mundo (conferir na Bíblia: Jo 17,8 e 20,21b).

Agora, vamos ouvir novamente a leitura (voz masculina). É Cristo que nos está falando. Podemos seguir o texto e, onde está escrito "momento de silêncio", todos nós vamos dar a nossa resposta, dizendo: "Senhor, queremos sempre permanecer em vós!".

Sugestão de canto: Que fale sobre a fidelidade do amor de Cristo.

Dirigente: A leitura de hoje nos faz lembrar todo o mistério pascal: a morte e ressurreição do Senhor e o envio do Espírito Santo. Vamos ver:

- O PAI é o agricultor que planta a videira, a comunidade de JESUS. O Senhor Ressuscitado dá sua vida pela comunidade.
- O ESPÍRITO SANTO "rega" a videira e faz passar a seiva (a vida da graça) do tronco, Cristo, para os ramos, que assim vão produzir fruto. É o Espírito Santo que nos une a Cristo e que nos envia ao mundo em missão.

Vamos saudar a SS. Trindade com a exclamação que pronunciamos em cada Eucaristia, depois da Consagração:

Todos: Por CRISTO, com CRISTO e em Cristo, a vós,
Deus PAI todo-poderoso,
Na unidade do ESPÍRITO SANTO,
Toda a honra e toda a glória, agora e para sempre.
AMÉM! (cantar o amém).

Comentarista: Na mesa, há um cálice com vinho. O vinho nos lembra das uvas pisadas. É a comunidade que deve ser como o vinho que traz amor, alegria, união ao mundo. Na nossa confraternização, depois desta celebração, podemos tomar o vinho e comer as uvas com alegria.

Canto final: Que fale sobre a partilha dos dons.

TERCEIRA UNIDADE

A Igreja continua a Missão de Jesus

16º encontro

IGREJA, SINAL E INSTRUMENTO DO REINO

A. Ver a realidade

A Igreja nos convida a ser "Igreja Viva, sempre em Missão". Enquanto membros desse corpo eclesial que é a Igreja formada em Cristo, somos convidados a dar testemunho de nossa fé, diante dos grandes desafios presentes no mundo moderno. A Igreja se torna viva pelas ações concretas de seu povo: viver em comunhão, colocar a Palavra de Deus em primeiro lugar e ter na liturgia sua fonte, identificada pelo amor fraterno. Evangelizar, essa é a nossa missão: na família, na rua, no trabalho, na escola, no mundo.

Como a realidade presente nos interpela a agir como cristãos? O que se pode fazer para melhorar essa realidade? Quais são os seus apelos? Como nos deixar tocar e nos sensibilizar com ela? Como nos colocar a serviço da humanização e resgate da dignidade humana? Essas são algumas questões que nos interpelam para um agir cristão.

B. Iluminar com a Palavra

Ser Igreja é fazer história. Jesus, o Messias anunciado e Filho de Deus, torna-se um ser histórico, caminhando conosco e apontando a direção do percurso. A Igreja peregrina dá continuidade à presença do Cristo Ressuscitado, iluminando o caminho da história com a luz do Evangelho. Seu desejo é continuar a construção do Reino, Reino que Jesus veio nos mostrar. O Reino para o qual ele formou os apóstolos a fim de continuar sua obra.

Viver sob a luz de Cristo – Catequese com adultos

B.1. O anúncio de Jesus Cristo

Ao anunciar o Reino, Jesus queria nos mostrar o grande amor de Deus. Ele veio para aperfeiçoar, e não para abolir o Antigo Testamento (Mt 5,17-18). Disse que veio salvar as ovelhas perdidas da casa de Israel (Mt 15,24). Ao ensinar sobre o Reino, ele continuava a praticar sua religião, frequentar o Templo (At 2,46) e as sinagogas e observar as leis do judaísmo.

Os judeus continuavam amigos dele. Os Apóstolos eram seus amigos e foram os primeiros cristãos que saíram para pregar e anunciar a Boa-Nova do Senhor Ressuscitado. Muitos aderiram à sua pregação e, assim, a Igreja começou a se formar.

O anúncio de Jesus Cristo como salvador e cumpridor das promessas divinas constitui, de fato, a razão de ser da comunidade de fé que é a Igreja. Na experiência das primeiras comunidades, percebe-se uma profunda ligação entre o Cristo ressuscitado e o Jesus da história.

B.2. A missão da Igreja

A palavra "Igreja" vem de *ekklesía*, que quer dizer: assembleia por convocação, assembleia do povo, dos fiéis, lugar de reunião, ajuntamento dos primeiros cristãos, a comunhão cristã.

A Igreja recebeu a missão de continuar a obra de Cristo: anunciar o Reino e proclamar a pessoa de Cristo para que os homens cheguem à verdadeira felicidade (At 3,11-23). Assim nascem as primeiras comunidades cristãs, que se reuniam e iam se constituindo como Igreja. Jesus mesmo não se preocupou em fundar uma instituição religiosa, uma Igreja, mas sim em despertar para o anúncio e implantação do Reino. Os primeiros discípulos iam fundando comunidades, tanto entre os judeus como entre os pagãos (gentios), pois os cristãos iam se espalhando pelo mundo. Sua missionariedade continua até hoje: evangelizar, ser presença transformadora na sociedade à luz da Boa-Nova de Jesus.

Através do Espírito Santo, Cristo age na sua Igreja.

B.3. A Igreja é sinal do Reino

O que quer dizer a Igreja é sinal do Reino?

Um sinal é algo visível que revela uma realidade invisível. Sinais de Deus são sinais visíveis que revelam a presença e a ação de Deus. Jesus é o grande sinal de Deus. Revela o Deus invisível.

Jesus, não estando mais visível entre nós, deixou também um sinal: a Igreja, a comunidade. Enquanto sinal do Reino, ela deve ser e viver de tal forma que, quando a olharmos, possamos descobrir o que é, na realidade, este Reino de Deus. Ela é chamada a ser *sinal* pela vivência do Evangelho.

Será que ela está deixando claro e visível o Reino? Ou será que ela obscurece a imagem do Reino pela infidelidade à sua missão?

A Igreja e cada comunidade são chamadas a ser sinais, mas, na realidade, nem sempre correspondem a essa missão. Somos uma Igreja santa e pecadora. De acordo com a patrística, a Igreja é vista como mistério, isto é, uma realidade celeste, divina, animada pelo Espírito de Deus e, nesse sentido, santa; mas que se manifesta num corpo terrestre visível e muitas vezes infiel. Nesse sentido, a Igreja é pecadora.

Mas muitas vezes a Igreja deixa o seu sinal através de pessoas que se entregam de corpo e alma ao serviço de Deus e dos irmãos. Ela possui muitos mártires que, por colocarem-se a serviço do Reino, são testemunhas de que a Igreja cumpre sua missão.

B.4. A Igreja é também instrumento do Reino

A Igreja é chamada a ser instrumento do Reino. Isso quer dizer que ela deve trabalhar para que o Reino de Deus seja construído desde já. Ela cumpre sua função de instrumento do Reino pelo anúncio da mensagem do Evangelho e pela denúncia do pecado. Sua mensagem é dirigida ao mundo inteiro, aos governos das nações, às multinacionais que dominam o mundo do dinheiro, aos povos em guerra, à Organização das Nações Unidas etc. Portanto, a exemplo do Povo de Israel, ela continua trabalhando para que o Reino de Deus seja anunciado e se realize. Sua missão se torna visível nas ações concretas realizadas pelo povo. Engajado nas diversas camadas da sociedade, forma-se nas comunidades da Igreja, aprofunda sua fé, toma consciência do seu papel na história do mundo e aí trabalha para que as estruturas se modifiquem e que o mundo seja mais justo e fraterno. O papel do bom cristão começa a ser desempenhado lá fora: na família, no trabalho, na escola, na sociedade, com seus amigos. Aí ele se constitui em sal e fermento. Inserido na comunidade, aprende a viver como cristão consciente do mundo de hoje.

B.5. "A Igreja não se identifica com o Reino"

Diz a *Lumen Gentium* que a Igreja não se identifica com o Reino (documento do Vaticano II, capítulo 5). "O Reino transcende os limites visíveis da Igreja" (CR 204).

O que podemos compreender dessas afirmações?

Toda a humanidade é chamada a ser Reino de Deus. Embora o germe do Reino esteja na Igreja, isso não quer dizer que todos deverão pertencer à Igreja. O Reino de Deus se traduz na situação de fraternidade, justiça, paz, amor entre todos os seres humanos, que terão sua completude na eternidade, quando Deus será tudo em todos. Nesse sentido, a Igreja é um meio, mas o Reino é o fim; a Igreja é temporal, mas o Reino é eterno; a Igreja tem suas estruturas, mas o Reino não tem estruturas.

A Igreja não existe somente para si e para seus membros. Ela não pode fechar-se sobre si mesma. Sua missão é "ser para o mundo", estar a serviço da construção do Reino de Deus, que é maior que a Igreja.

Os sinais do Reino existem também fora da Igreja. Onde há verdadeiros esforços de justiça e fraternidade, algo do Reino existe aí. (Pensemos aqui numa pessoa como Gandhi, que não era cristão, mas que lutou heroicamente pelos valores do Reino.)

A Igreja Católica deve trabalhar em unidade com todos aqueles que procuram humanizar a convivência entre os homens e respeitar seus direitos.

C. Viver a Palavra

Como Igreja, nossa presença é importante em todas as camadas da sociedade, no mundo do trabalho, do ensino, da arte e da política. A transformação do mundo é missão própria dos leigos.

Estamos assumindo com responsabilidade nossa atuação no mundo? Estamos conscientes da nossa responsabilidade? (Reflitamos um pouco sobre isso.)

D. Oração que brota da Palavra

O encontro pode ser finalizado com a leitura de João 18,33-37.

Vamos refletir sobre o que significa: "Meu Reino não é deste mundo". Significa que o Reino existe só no céu?

Rezemos com toda atenção o Pai-Nosso, repetindo três vezes: "Venha a nós o vosso Reino".

17º encontro

A IGREJA É UMA COMUNIDADE

A. Ver a realidade

Todos nós sabemos que ninguém pode viver sozinho. O ser humano tem necessidade de se relacionar para viver e crescer. Precisamos encontrar uma comunidade que ajude a nos realizarmos e a nos tornarmos adultos responsáveis.

A criança encontra essa comunidade na família, onde o ambiente deve ser de paz e harmonia para que ela possa se desenvolver. Depois vêm a escola, o trabalho, o casamento...

B. Iluminar com a Palavra

B.1. A Igreja é uma comunidade

A Igreja não é, em primeiro lugar, uma organização bem estruturada, com leis e regulamentos. Ela é, antes de tudo, uma COMUNIDADE. O seguimento de Jesus não é somente uma opção pessoal. O cristão se realiza no relacionamento com os outros. Recebe dos outros apoio e força. Por isso, o verdadeiro seguimento de Jesus realiza-se na comunidade fraterna.

Assim aconteceu logo no início da Igreja. Aqueles que conheceram Jesus Cristo e se converteram começaram a formar comunidades. Desse modo, encontraram estímulo e apoio para seguirem os passos de Jesus, para tornarem-se verdadeiros discípulos.

Na comunidade encontraram Cristo Ressuscitado. "Onde dois ou três estão reunidos em meu nome, eu estou no meio deles" (Mt 18,20).

B.2. Como viviam essas primeiras comunidades cristãs?

O livro dos Atos dos Apóstolos conta como viviam tais comunidades. (Vamos ler juntos At 2,42-47 e 4,32-35.)

As leituras nos mostram as principais características dessas comunidades:

1. A comunidade era fiel ao ensinamento dos apóstolos.
2. Todos viviam unidos e tinham tudo em comum.
3. Rezavam juntos e celebravam a Eucaristia (fração do pão).
4. Vivendo assim, davam testemunho e atraíam muitos.

Aqui temos o modelo de nossas comunidades cristãs hoje:

1. Ser uma comunidade de fé, onde se encontra Jesus Cristo e se aprofundam as Escrituras.
2. Ser uma comunidade de amor, de verdadeira solidariedade.
3. Ser uma comunidade orante, onde se celebra a Eucaristia e se reza junto.
4. Uma comunidade que testemunha a alegria de ser cristão e é um verdadeiro sinal do Reino.

Vamos refletir: A comunidade ou paróquia à qual pertencemos vive essas quatro características? Como?

B.3. Igreja, povo de Deus

O Concílio Vaticano II frisou muito este aspecto. A Igreja é o povo de Deus, salvo por Jesus Cristo. É um povo universal; não depende de raça, idioma ou qualquer particularidade humana.

É um povo em marcha através dos séculos. "Em marcha", quer dizer, a Igreja não está parada. Ela caminha. Cresce. Descobre novos valores, enfrenta novos problemas, caminha em direção à meta final. A Igreja é dinâmica, cheia de vida. A meta final é o Reino de Deus que ela deve construir, já agora, nesta história, mas que terá sua plenitude na eternidade.

B.4. Igreja, Corpo de Cristo

Uma outra imagem da Igreja é o Corpo de Cristo. São Paulo a descreve na Carta aos Coríntios. (Vamos ler juntos 1Cor 12,12-31. O que chama nossa atenção nesse texto?)

A imagem do Corpo é muito bonita. Todos os membros têm uma função diferente. Todos são indispensáveis. Para ser um corpo sadio, que funciona como se deve, todos os membros precisam funcionar bem. Assim também o Corpo de Cristo, que é a Igreja. Todos nós temos uma missão na Igreja. É importante descobrirmos qual é a nossa função específica. Se um membro deixa de funcionar, o corpo todo sofre as consequências. Essa imagem mostra a corresponsabilidade de todos. Ninguém pode deixar de assumir sua função.

Cristo é a Cabeça do Corpo. Sem cabeça, o corpo não pode existir. Sem Cristo, a Igreja perde toda a razão de ser.

Vamos refletir: Qual é a missão específica de cada um de nós na Igreja?

B.5. A videira e os ramos

Outra comparação bonita é a da videira e os ramos. Nós a encontramos em João 15,1-17. O fruto de que João fala é o amor entre nós, membros da comunidade. Somente se ficarmos unidos a Cristo, seremos "ramos que dão frutos".

B.6. Sal da terra e luz do mundo

No Evangelho lemos ainda que a Igreja é sal da terra e luz do mundo (Mt 5,13-16). O sal dá sabor à comida. A luz ilumina as trevas. Assim é a Igreja. Quando ela for uma verdadeira comunidade de fé, amor e oração, penetrará no mundo como o sal penetra na comida. Ela iluminará o mundo, que vive nas trevas do pecado, através das inúmeras luzinhas que são suas comunidades.

O único modo de a Igreja ser realmente sinal e instrumento do Reino para o mundo é tornando-se uma verdadeira comunidade a serviço do mundo.

C. Viver a Palavra

Que está faltando em nós, membros da Igreja, comunidade dos discípulos de Jesus?

Nós participamos da nossa comunidade? Em que devemos melhorar?

Viver sob a luz de Cristo - Catequese com adultos

D. Oração que brota da Palavra

Vamos ler João 15,1-17.

Quantas vezes encontramos a palavra "permanecer" ou "ficar". E quantas vezes encontramos a expressão "dar fruto"? Por que João repete tantas vezes essas palavras?

Vamos ficar alguns instantes em silêncio para refletir sobre esse belo texto. Peçamos ao Senhor que nos una cada vez mais a ele e que haja união entre nós, num verdadeiro laço de amor.

Podemos terminar com o canto: "Permanecei em mim..." ou "Quem nos separará do amor de Cristo...".

18º encontro

A COMUNIDADE SE ORGANIZA

A. Ver a realidade

Não existe povo sem governo, leis e instituições. Não há comunidade que não tenha, ao menos, alguma liderança. Se um grupo, uma comunidade, um povo quer enfrentar seus problemas e alcançar suas metas, é necessária alguma organização.

Isso se dá também na Igreja. O povo de Deus nunca poderá alcançar a sua meta sem que haja pessoas que o orientem e dirijam. A Igreja também precisa ter organização e pessoas que exerçam autoridade para que o povo possa caminhar do melhor modo possível. É o próprio Espírito Santo que suscita na Igreja ministros e instituições.

B. Iluminar com a Palavra

B.1. Na Igreja, autoridade é serviço

Jesus advertia os discípulos: "Vocês sabem que os chefes dos povos têm poder sobre eles, e os dirigentes têm autoridade sobre eles. Isto, entretanto, não acontecerá com vocês. Se alguém quiser ser grande, deve ser o servidor de todos. E se alguém quiser ser o primeiro, deverá ser o servo de todos. Porque o Filho do Homem não veio para ser servido, mas para servir e dar a vida em resgate de muitos" (Mc 10,42-45).

O próprio Jesus não seguiu o caminho da grandeza, da autoridade, do domínio, mas serviu até a morte. Ele mesmo deu o exemplo de como devem ser aqueles que continuam sua missão.

Viver sob a luz de Cristo - Catequese com adultos

B.2. A organização no início da Igreja

Quando os apóstolos começaram a liderar as comunidades, foram ajudados por "anciãos" (em grego, *presbyteroi*; daí vem a palavra presbítero). Assim, lemos no livro dos Atos dos Apóstolos que Paulo e Barnabé estabeleceram presbíteros (At 14,23) e que os apóstolos e presbíteros estavam reunidos (At 15,4; 16,4; 21,18).

Os apóstolos instituíam, em cada cidade, presbíteros pela imposição das mãos (1Tm 5,17-22). Eles deviam presidir à assembleia dos cristãos (1Tm 5,17).

Na sua carta aos Filipenses, São Paulo saúda a todos os cristãos de Filipos, aos bispos e diáconos (Fl 1,1). Então, houve também, além dos presbíteros, bispos ou epíscopos e diáconos.

Na primeira carta a Timóteo e na carta a Tito, podemos ler as orientações dadas aos epíscopos, presbíteros e diáconos, funções que existem na Igreja até hoje. (Começou-se a falar em "sacerdotes" somente no século III. Indica a participação no ministério sacerdotal de Jesus Cristo.)

B.3. A Igreja universal se realiza nas Igrejas particulares ou dioceses

As dioceses são uma parcela do povo de Deus, determinada por limites geográficos. Cada Igreja particular tem à frente um bispo (às vezes ajudado por bispos auxiliares). O bispo é o fundamento da unidade de sua diocese.

Os bispos, portadores da plenitude do sacerdócio, dão prosseguimento à missão de Cristo de dirigir ou pastorear o povo de Deus, anunciar a Palavra e continuar a ação salvadora de Cristo através dos sacramentos.

O bispo não é somente pastor da sua diocese, mas tem também sua corresponsabilidade no governo da Igreja universal. Todos os bispos do mundo inteiro formam um colégio que deve zelar pela unidade e o bom andamento de toda a Igreja.

O bispo de Roma, o papa, sucessor do apóstolo Pedro, ocupa um lugar de liderança dentro desse Colégio. Jesus estabeleceu Pedro como o primeiro dos apóstolos. A tarefa do bispo de Roma é a mesma que a de Pedro: manter a Igreja unida na fé e na vida (cf. Jo 21,15-17).

A reunião solene de todos os bispos, convocada pelo papa, se chama "concílio". O último concílio se deu em Roma, de 1962 a 1965. É o chamado Concílio Vaticano II.

Há também periodicamente reuniões de bispos, representantes de todos os bispos do mundo, com o papa. São os "sínodos". Nessas reuniões, os bispos discutem problemas e diretrizes para a ação pastoral da Igreja. Tais sínodos acontecem de três em três anos, em Roma.

Em seus próprios países, os bispos constituem Conferências Nacionais. Reúnem-se regularmente. Aqui, no Brasil, temos a CNBB (Conferência Nacional dos Bispos do Brasil).

Os bispos têm seus auxiliares, chamados presbíteros e diáconos.

Nas dioceses, existem os conselhos presbiterais, formados por sacerdotes que assessoram o bispo no governo da diocese. Nas paróquias existem os conselhos paroquiais, para ajudar no bom andamento da comunidade.

B.4. Ministérios dos leigos

Além do ministério hierárquico, existem, na Igreja, muitos outros ministérios: serviços prestados à comunidade sem que sejam, porém, decorrentes do sacramento da Ordem. Tais ministérios decorrem do compromisso do Batismo e da Crisma. Cada membro da comunidade deve assumir sua parte para o bom andamento dela. Assim, muitos leigos (leigos são todos aqueles que não receberam o sacramento da Ordem) exercem ministérios. Conhecemos os líderes das comunidades, os ministros da Palavra de Deus, ministros do culto sem padre, ministros das exéquias, ministros extraordinários da Comunhão, catequistas etc.

B.5. A Igreja é uma comunidade

Não podemos comparar a organização da Igreja a qualquer sistema político de governo. Os sistemas políticos passam com o tempo e são substituídos por outros. A Igreja não é uma democracia, nem uma monarquia, nem qualquer outra forma de governo.

A Igreja é uma comunidade, uma fraternidade, onde o pastoreio é feito em espírito evangélico de serviço, de respeito mútuo e de diálogo (Mt 23,8-12).

C. Viver a Palavra

Vamos ler Mateus 23,8-12.

O que mais nos toca nessa leitura?

Nós, leigos, temos nossa missão dentro da comunidade. Como a exercemos? Temos o espírito de fraternidade? Sabemos respeitar o outro, dialogar, delegar serviços?

O perigo de autoritarismo existe também no meio dos leigos. Nossas lideranças são fraternas, de serviço, e não de imposição e autoritarismo? O que deve melhorar?

D. Oração que brota da Palavra

Vamos fazer algumas orações espontâneas pela Igreja, bispos, sacerdotes e também por nós, leigos, para que tenhamos o verdadeiro espírito evangélico em nosso modo de agir como membros da Igreja.

Podemos terminar com um canto que fale sobre comunidade de irmãos.

19º encontro

NOSSA SENHORA NA IGREJA

A. Ver a realidade

Não se pode falar da Igreja sem falar de Maria. Na religiosidade do nosso povo, ela ocupa um lugar todo especial. Cada pessoa é um sinal de Deus; Maria o é de modo especial. Mais do que qualquer outra mulher, ela nos revela o "rosto materno" do Pai, voltado para nós. O povo se identifica profundamente com Maria e a venera como mãe muito amada.

B. Iluminar com a Palavra

B.1. Maria é Mãe da Igreja

Na Bíblia, Maria representa todo o povo de Israel que espera ansiosamente o Messias.

Em contraste com o NÃO de Eva (representando o NÃO da humanidade – Gn 3,15), Maria dá seu SIM incondicional a Deus (Lc 1,38). Assim, ela é associada à obra da redenção. São João o confirma ainda no seu Evangelho (Jo 19,25-27). Na cruz, Jesus entrega sua mãe a São João, que representa ali a Igreja, e entrega João (a comunidade) à Maria. Assim, Maria é a Mãe da Igreja. Ela é também a mãe de cada um de nós, por pertencermos à família redimida por Cristo.

B.2. Maria é o modelo da fé

Não pensemos que para Maria tudo estava claro desde o início. Não. Ela vivia sua entrega a Deus na fé. Só depois da ressurreição de Jesus, ela viu com clareza o mistério em que estava envolvida.

Toda a sua vida se expressa nesta frase: "Eis a serva do Senhor. Faça-se em mim segundo a sua vontade" (cf. Lc 1,38).

Maria é aquela que meditava e "guardava" a Palavra de Deus no coração e a vivia (Lc 11,27-28; 8,19-21). Ela pertencia aos "pobres de Javé", os humildes de que fala a Bíblia com tanto respeito.

Era no silêncio da casa de Nazaré que ela educava seu Filho e o preparava para sua missão.

A influência de uma mãe é inegável no ser humano. Toda a grandeza de Cristo é também um reflexo da grandeza daquela que o formou. (Com toda a razão, podemos dizer isso de São José, que teve também sua influência de pai na formação de Jesus.)

B.3. Maria, nossa irmã, redimida por Cristo

Maria não é só nossa mãe. Ela é também nossa irmã, porque é a primeira do povo de Deus a ser salva por seu Filho. A obra de redenção se realiza em Maria, em toda a plenitude. Salva por Cristo, ela é livre do pecado desde o início da sua existência (Imaculada Conceição) e já entrou na glória eterna, onde participa, em plenitude, da ressurreição do seu Filho (Assunção de Nossa Senhora). Maria já é totalmente redimida.

B.4. Maria, discípula de Jesus

O Evangelho de Lucas nos mostra Maria também como discípula. Nela estavam as virtudes da discípula: entregou-se à vontade de Deus, guardava a Palavra de Deus no seu coração e meditava sobre ela.

O livro dos Atos dos Apóstolos (também escrito por Lucas) nos mostra Maria no meio da jovem Igreja: "Todos, unânimes, eram assíduos na oração com algumas mulheres, entre as quais Maria, mãe de Jesus, e os irmãos dele" (At 1,14). Maria estava presente no meio da comunidade como um dos fiéis e participava das primeiras alegrias e tristezas.

B.5. Maria é Virgem

A virgindade de Maria tem um forte sentido simbólico. Maria está toda voltada para Deus; é toda amor-doação ao Senhor. Ela é como uma folha em branco onde Deus pode escrever o que lhe convier. Não há nenhum obstáculo para a ação de Deus. Pobre e humilde, tornou-se fecunda pelo Espírito Santo. Maria é toda de Deus e toda servidora dos homens. Esse é o sentido profundo da sua virgindade.

B.6. Maria é bendita entre as mulheres

Deus quis ouvir a resposta de Maria para realizar seu plano de salvação. Com isso, o papel da mulher entrou na Igreja. Em toda a natureza, encontramos os elementos masculinos e femininos. Homem e mulher se completam e se enriquecem.

Na vida social descobre-se, cada vez mais, o importante papel da mulher. Não se pode construir um mundo melhor sem que a mulher desempenhe seu papel ao lado do homem. Para qualquer equilíbrio, precisa-se dos dois elementos. Isso não é diferente na Igreja. Também aqui a mulher tem um papel importante a cumprir. E assim como Deus quis ouvir a resposta de Maria a seu plano de salvação, também a voz da mulher deve ser ouvida na Igreja, hoje.

C. Viver a Palavra

Uma nova espiritualidade

Na América Latina, estamos descobrindo uma nova espiritualidade mariana. A entrega total de Maria, sua fé e fidelidade devem penetrar a vida cristã do nosso povo. Maria cantou o *Magnificat*. É o poema do Povo de Israel e também o nosso. Ensina-nos a não aceitar passivamente as injustiças, a opressão, a fome, a alienação. Deus é um Deus Libertador, que está ao lado dos fracos e oprimidos e derruba os poderosos. É uma espiritualidade que nos ensina a não ficarmos somente nos aspectos de beleza de Maria, mas a lutar por um mundo mais justo, um mundo como Deus quer. O canto de Maria é o canto do Reino de Deus, a esperança de que a ação salvadora de Deus chegue até nós.

Nossa devoção a Nossa Senhora deve ser evangélica. Deve nos levar a seguir seu exemplo: sua atenção à vontade do Pai, sua fé e entrega ao plano de Deus, seu espírito de "pobre" e sua vida interior.

Podemos nos perguntar também: Em nosso ambiente, como se expressa a devoção a Nossa Senhora? Essa devoção tem também o aspecto de compromisso com os humildes e injustiçados? Como?

D. Oração que brota da Palavra

Vamos ler no Evangelho de Lucas o capítulo 1, versículos 39 a 45.

Façamos uma partilha. (Observemos a profundidade de cada versículo.)

Em seguida, podemos rezar ou cantar o *Magnificat*.

Rezemos uma Ave-Maria e terminemos com o canto de Maria.

20º encontro

A DIMENSÃO ECUMÊNICA DA IGREJA

A. Ver a realidade

Os cristãos são chamados a testemunhar, no mundo, a mensagem de Cristo. Certamente, não deve ter sido intenção de Jesus que seus seguidores se combatessem em divergências, lutas e guerras, obscurecendo assim seu testemunho de união e amor. Mas, infelizmente, é essa a realidade histórica.

Jesus rezou: "Que todos sejam um, como tu, Pai, estás em mim e eu em ti; que eles estejam em nós, para que o mundo CREIA que tu me enviaste" (Jo 17,21).

Ora, estamos longe daquele testemunho de unidade, para que o mundo possa crer em Cristo. Estamos diante de uma triste situação de separações, brigas, polêmicas e até de guerras. Basta olhar a história das Igrejas.

A.1. Situação histórica

A primeira grande separação se deu no século XI, quando a Igreja do Oriente se separou da Igreja do Ocidente. Por divergências sobre a primazia do Bispo de Roma, o papa, e por motivos políticos, a Igreja do Oriente se separou de Roma. (A Igreja do Oriente é chamada Igreja Ortodoxa.)

No século XVI, na Europa, Lutero se separou da Igreja de Roma e muitos o acompanharam. Foi o início do protestantismo. Logo houve outras separações. Reformadores como Calvino e Zwingli seguiram o exemplo de Lutero.

Mais tarde, os diversos grupos protestantes se separaram entre si, muitas vezes por causa de divergências doutrinárias.

Na Inglaterra, no mesmo século XVI, o rei Henrique VIII se separou de Roma por não ter recebido licença para se casar novamente, uma vez que sua esposa legítima ainda estava viva. Ele se fez chefe da Igreja Anglicana. (Até hoje, o rei da Inglaterra, ou a rainha, é chefe dessa Igreja).

A.2. Atualmente, encontramos as seguintes Igrejas cristãs:

1. A Igreja Católica, com maior número de fiéis (+/- 800 milhões).

2. A Igreja Ortodoxa, no Oriente. É a Igreja mais próxima da Igreja Católica em doutrina e liturgia.

3. A Igreja Anglicana (que, nos Estados Unidos e no Brasil, se chama Igreja Episcopal). Essa Igreja sofreu muita influência do protestantismo.

4. As Igrejas protestantes:

- Luterana;
- Calvinista (também chamada de reformada ou presbiteriana).

Saídas do anglicanismo e do calvinismo surgiram ainda as seguintes igrejas:

- Congregacionalistas (estão, sobretudo, nos Estados Unidos);
- Batistas (exigência de batizar os adultos);
- Metodistas;
- Adventistas;
- Pentecostais. É um movimento mais recente, que se caracteriza por uma vivência permanente de "Pentecostes". No Brasil, 2/3 dos crentes pertencem a esses grupos. O mais antigo é a Assembleia de Deus.

Além dessas Igrejas, encontramos ainda muitas seitas. São grupos religiosos formados por minorias, que se colocam à margem da sociedade, não aceitando suas normas. (Quando as seitas se espalham mais e se integram na sociedade, tornam-se "Igrejas".) Há seitas ligadas ao cristianismo; outras, vindas dos Estados Unidos ou do Japão, misturam elementos cristãos a elementos orientais. Não podem ser chamadas "cristãs", como tampouco o espiritismo em suas diversas formas.

A.3. O movimento ecumênico

Diante de tanta divergência, os cristãos ficaram preocupados com o testemunho de unidade: "Que todos sejam um". Como chegar à unidade que Cristo pediu?

A preocupação com a união dos cristãos deu origem ao "ecumenismo". ("Ecumenismo" vem da palavra grega *oikos*, que quer dizer "casa". *Oikumene* quer dizer "terra cultivada", "universo".)

O ecumenismo é o movimento para a união das Igrejas cristãs. Cristãos são todos aqueles que acreditam em Jesus Cristo e são batizados na Trindade. Devemos distingui-los daqueles que acreditam em Deus, mas não acreditam em Jesus Cristo como Filho de Deus.

O movimento ecumênico começou no século XIX e ficou mais forte, por parte dos protestantes, após 1920. A Igreja Católica aderiu ao movimento a partir do Concílio Vaticano II (1962-1965). Fundou o Secretariado para a Unidade dos Cristãos, em Roma. Mas ela quer também entrar em diálogo com outras religiões não cristãs, pois todas as religiões têm seus valores, procuram Deus e são caminho de salvação para aqueles que não chegaram a conhecer Jesus Cristo. Em Roma, foram fundados secretariados para dialogar com esses grupos.

Especialmente importante é o diálogo com os judeus. O cristianismo nasceu do judaísmo. São Paulo fala que eles são os primeiros chamados por Deus e que Deus não se arrepende dos seus dons (Rm 11,28-29).

No Brasil foi fundado, em 1982, o Conic (Conselho Nacional de Igrejas Cristãs), unindo um bom número de Igrejas cristãs. Também a CNBB está aí representada. De tempo em tempo, é organizada a Campanha da Fraternidade em nível ecumênico.

B. Iluminar com a Palavra

O sonho da plena unidade entre povos e nações está escrito em: Is 25,6-10, Jo 17,20-26 e Ap 21,9-10.22-26.

Vamos fazer a leitura e dizer o que chama mais a nossa atenção.

C. Viver a Palavra

C.1. Como praticar o ecumenismo

Antes de tudo, deve haver um verdadeiro espírito de conversão. Ninguém precisa "jogar pedras" em ninguém. Todas as Igrejas, também a Igreja Católica, precisam converter-se constantemente a Cristo e a seu Evangelho. Se todas as Igrejas estiverem, realmente, abertas à Palavra do Senhor, um dia se encontrarão.

É necessário o diálogo teológico entre as cúpulas das Igrejas para se chegar, assim, a um maior conhecimento mútuo. Dialogar quer dizer abrir-se para ouvir e, se necessário, mudar.

Não pode haver verdadeiro ecumenismo sem oração. A oração em comum, feita pelas Igrejas, tem uma grande força.

Nenhuma Igreja faça proselitismo. É contra o espírito ecumênico querer tirar os membros de uma Igreja para fazê-los entrar em outra.

Uma grande força ecumênica é o trabalho feito em comum em prol dos direitos humanos, dos menos favorecidos, contra as injustiças. Muitas brigas e rixas ficariam esquecidas se as Igrejas unissem suas forças contra os males que ameaçam o mundo.

Não devemos ter a mentalidade de que "todas as religiões são boas. Tanto faz qual seja a minha". Todas as religiões e seitas têm coisas boas, sim, mas algumas são melhores que outras. A melhor Igreja é aquela que está mais perto da mensagem de Jesus Cristo. Então, além do respeito pelos outros grupos, precisamos formar um senso crítico diante das outras profissões de fé e aumentar nosso conhecimento sobre elas.

Vamos refletir: Quais as dificuldades encontradas no nosso relacionamento com os cristãos não católicos?

D. Oração que brota da Palavra

Vamos ler João 17,18-26 e fazer orações espontâneas. Rezemos o Pai-Nosso, oração rezada por todos os cristãos.

Canto final: "Somos todos iguais" (Pe. Zezinho).

Celebração da Palavra
Igreja – Comunidade de discípulos e missionários

(**Ambiente:** além da Bíblia e de uma vela bonita, providenciem-se algumas gravuras de um pastor com seu rebanho, uma multidão de pessoas ou uma romaria, uma videira ou cachos de uvas; uma imagem de Nossa Senhora. O grupo deve ficar sentado em forma de círculo, simbolizando assim a Igreja-comunidade. Prepare-se uma confraternização para o final.)

Introdução: Depois de termos refletido durante cinco encontros sobre o que significa "ser membros da Igreja", vamos celebrar, hoje, nossa vocação de discípulos e missionários de Jesus, reunidos na sua comunidade.

Para entender bem o que é essa comunidade, a própria Bíblia nos oferece diversas metáforas, comparações:

- *Igreja – Povo de Deus em marcha* (colocar a gravura da multidão de pessoas, ou de alguma romaria em marcha. Observar também o próprio grupo que está em círculo).

A metáfora do povo de Deus se baseia no Antigo (Primeiro) Testamento. Todo o povo de Israel era o povo de Deus, não um conjunto de indivíduos, mas um povo unido ao redor dos seus líderes e iluminado pelos profetas. Tinha suas leis e costumes religiosos.

O Concílio Vaticano II (1962-1965) acentuou este aspecto de POVO caminhando para a realização do Reino de Deus, Reino de paz, de justiça e amor. Esse Reino já está presente aqui, em germe, e será realizado, por Deus, na sua plenitude no fim dos tempos.

Podemos cantar: "Juntos como irmãos, membros da Igreja,
Vamos caminhando, vamos caminhando.
Juntos como irmãos ao encontro do Senhor".

- *O Corpo de Cristo.* São Paulo compara a Igreja ao Corpo de Cristo. Cristo é a Cabeça. Todos nós somos os membros. Os membros têm funções diferentes. Todos nós temos uma missão. Vamos ouvir a leitura em 1Cor 12,12-31. (Alguém faz a leitura.)

Cada um de nós sabe qual sua função dentro do Corpo Místico? (Breve partilha).

- *A videira e os ramos* (alguém traz as uvas).

Nós já refletimos sobre a videira na última celebração. Vamos ouvir a leitura de João 15,1-5. (Alguém faz a leitura.)

O fruto de que João fala é o amor entre nós, membros da comunidade. Somente se ficarmos unidos a Cristo, seremos "ramos que dão frutos".

Podemos cantar: "Permanecei em mim, é teu pedido, Senhor. Eu ficarei em vós; é tua promessa de amor". (2 vezes)

- *O rebanho e o Pastor* (alguém coloca a gravura).

O Pastor (Jesus) conhece suas ovelhas e chama cada uma por seu nome. Vamos ler João 10,11-15. (Alguém faz a leitura.)

Estamos conscientes de que Jesus nos conhece intimamente e nos chama por nosso próprio nome? (Breve momento de reflexão.)

Vamos cantar: "O Senhor é meu Pastor, nada me pode faltar". (2 vezes)

A Igreja é uma comunidade, uma fraternidade, onde o pastoreio é feito em espírito evangélico de serviço, de respeito mútuo e de diálogo. (Leitura de Mt 23,8-12.)

- *Maria é a Mãe da Igreja* (colocar a imagem de Maria).

O Concílio Vaticano II proclamou Maria como Mãe da Igreja. No Evangelho de João lemos que, na cruz, Jesus entregou Maria a seu discípulo João, e João a Maria. João simboliza a comunidade que é entregue aos cuidados de Maria. Jesus chama Maria de "mulher". Isso significa que ela, antes de ser sua mãe, é mãe universal da comunidade de Jesus. Vamos ouvir a leitura em João 19,25-27.

Sugestão de um canto sobre Nossa Senhora.

- *Igreja – sinal e instrumento do Reino*. A Igreja existe para servir ao Reino de Deus. Ela deve ser presença transformadora no mundo à luz da Boa-Nova de Jesus. Por isso, ela mesma deve ser, antes de tudo, *sinal* desse Reino, testemunhando por sua vivência os valores evangélicos. Assim, ela poderá ser *instrumento* para que o Reino de Deus se estenda.

Pensando em Igreja de Cristo, refletimos sobre todos que reconhecem Jesus como o enviado do Pai. Pelo Batismo, somos todos inseridos no Corpo de Cristo. Jesus rezou "para que todos sejam UM como sou um em ti, ó Pai". Como os cristãos estão longe daquela unidade com que Cristo sonhava. (Ouçamos a leitura de Jo 17,21.)

Vamos terminar a celebração expressando nosso desejo de unidade da Igreja de Cristo e reconhecendo a grande chaga da desunião que existe entre as Igrejas cristãs, que somente venceremos pela obra do Espírito Santo que quer unir todos os ramos ao único tronco: Cristo.

Sugestão de um canto sobre caminhar de mãos dadas.

Terminemos com a oração comum a todas as Igrejas cristãs: Pai-Nosso... (Confraternização.)

QUARTA UNIDADE

A Igreja celebra o Mistério da Salvação

21º encontro

A COMUNIDADE CELEBRA A SALVAÇÃO
(LITURGIA)

A. Ver a realidade

A seriedade da vida é, muitas vezes, interrompida pela alegria de festa. Gostamos de celebrar. Reunimos parentes e amigos para festejar determinados fatos que queremos comemorar. A gente pode observar que as festas se marcam, geralmente, por determinados "ritos". Vejamos um simples aniversário: as pessoas se reúnem, dão presentes, enfeitam um bolo e colocam velas, cantam parabéns, e não faltam os comes e bebes. Outras festas, mais solenes, podem aprofundar os "ritos": há os convidados, entregam-se presentes e pronunciam-se discursos. Mas o esquema é mais ou menos igual.

Sempre há um motivo para celebrar: casamento, formatura, jubileus, aniversários...

Também nossa caminhada de fé é regularmente intercalada com festas.

B. Iluminar com a Palavra

Toda a vida do povo de Deus – suas lutas e conquistas, seus fracassos e tropeços, seus esforços para viver seu ideal – é celebrada e oferecida a Deus. Todas as celebrações têm como origem, como motivo, a vivência do MISTÉRIO PASCAL. O Mistério Pascal é a celebração da vida, morte e ressurreição do Senhor. Desse mistério brotam o louvor, a ação de graças, o perdão de Deus e a inspiração para a vivência.

B.1. Essa celebração do Mistério Pascal se chama liturgia

A palavra "liturgia" vem de duas palavras gregas: *leitos* = do povo; *ergon* = obra, ação, serviço. É, então, a ação do povo em sua relação com Deus. A liturgia é o culto dirigido a Deus Pai. Jesus está no meio de nós, seu povo, Cabeça do Corpo Místico, e preside esse ato de louvor da sua comunidade.

Na liturgia, não somente louvamos a Deus, mas também lhe rendemos graças pelos benefícios recebidos. O ato litúrgico se faz através de cerimônias, gestos, orações, leituras, expressões corporais e momentos de silêncio.

O culto beneficia também a nós. Entrando em contato com Deus, tomamos consciência da nossa situação de criatura. Sentimo-nos pequenos e pecadores. Tomamos consciência da nossa tarefa e missão. Pedimos a Deus a graça de poder concretizar na vida aquilo que expressamos na liturgia: Deus deve ocupar o primeiro lugar em nossa vida; cumprir a vontade de Deus deve ser a nossa primeira preocupação. Também tomamos consciência de que a vontade de Deus é transformar o mundo em um mundo melhor, impregnar o mundo dos valores do Evangelho.

A Eucaristia está no centro da liturgia. Ao redor dela estão os outros sacramentos, todos orientados para ela: o Batismo, a Crisma, a Reconciliação, a Unção dos Enfermos, o Matrimônio e a Ordem.

B.2. O Ano Litúrgico

Durante o ano inteiro, a Igreja celebra os diversos aspectos do Mistério Pascal. A Igreja tem seu próprio calendário, chamado Ano Litúrgico. Não segue o ano civil, mas tem suas próprias datas e festas.

O Ano Litúrgico começa com o primeiro domingo do ADVENTO. Advento = vinda. Esperamos a vinda do Senhor no NATAL. São quatro semanas que nos preparam para essa festa.

No NATAL celebramos o nascimento de Jesus (o mistério da encarnação). Enviado do Pai, veio morar no meio de nós para ser o caminho que nos leva ao PAI.

Com a Quarta-feira de Cinzas inicia-se a QUARESMA: 40 dias de reflexão e penitência que nos preparam para a maior festa dos cristãos, a PÁSCOA.

Na Semana Santa, comemoramos o sofrimento e a morte de Jesus para, no dia da Páscoa, expressar toda a alegria pela ressurreição do Senhor. Jesus está vivo e está no meio de nós.

Jesus voltou para a glória do Pai. Está sentado "à mão direita de Deus". Isso quer dizer que, depois da humilhação da morte na cruz, ele foi elevado e participa do poder de Deus. Nós o celebramos na ASCENSÃO. Jesus está com Deus em poder e glória, mas está também conosco até os fins dos tempos, através do Espírito que ele nos manda.

Lembramo-nos da vinda do Espírito Santo sobre os apóstolos e primeiros discípulos, mas também do Espírito Santo em nossa vida, na festa de PENTECOSTES.

O ciclo pascal são as sete semanas que vão do Domingo da Páscoa até Pentecostes, celebrando as diversas facetas de um único mistério: o Mistério Pascal.

Todo o tempo, durante o ano todo, está impregnado da presença de Deus, da sua ação salvadora. É Deus caminhando com seu povo até o fim dos tempos.

Sempre é bom lembrar que em cada domingo se celebra o Mistério Pascal.

C. Viver a Palavra

Estamos participando do Mistério Pascal na liturgia? O que significa para nós a celebração dominical? Fazemos a ligação de uma semana de trabalho com o louvor que damos a Deus no domingo? Sabemos unir nossa vivência de cada dia com o louvor e ação de graças celebrada na Eucaristia?

D. Oração que brota da Palavra

Façamos um grande círculo (o maior possível). No meio do círculo, coloquemos uma vela grande, acesa, e a Bíblia. Alguém pode ler: João 14,1-6.

Todos cantem: *"Vós sois o Caminho, a Verdade, a Vida,*
O pão da alegria descido do céu".

O dirigente convide todos a dar um passo à frente, simbolizando o ir ao encontro de Cristo.

Viver sob a luz de Cristo – Catequese com adultos **153**

Pode-se cantar: "Jesus Cristo é o Senhor...". Em seguida, dá-se mais um passo, repetindo o canto.

Percebemos que, aproximando-nos de Cristo, nós nos aproximamos também uns dos outros. Assim é nossa vida cristã. Cristo está no meio de nós e nos une. Todos colocam seus braços nos ombros dos vizinhos, num grande abraço.

Para terminar, pode-se cantar: "Esteja sempre entre nós a paz do Senhor Jesus..." (2 vezes). "Esteja sempre entre nós, meu irmão, a paz do Senhor Jesus".

22º encontro

SACRAMENTOS COMO SINAIS DO NOSSO ENCONTRO COM CRISTO

A. Ver a realidade

Para o encontro, levar alguns objetos que podem ser considerados como símbolos: retratos, vela, água, flor, óleo, cruz.

No encontro anterior falamos sobre a Igreja, comunidade que celebra, na Liturgia, a ação salvadora de Cristo na vida do povo de Deus.

Nos encontros que se seguem vamos aprofundar essa celebração, conversando sobre cada sacramento, mas hoje falaremos dos sacramentos em geral.

Olhando para a nossa experiência de vida, nossas histórias, podemos perceber a riqueza de símbolos que estão a nosso redor. Como ligamos os símbolos à nossa vida de fé?

Alguns questionamentos: O que são sacramentos para nós, hoje? Como valorizamos os sacramentos que recebemos em nossa vida? Que sentido se dá a eles? Olhando para a nossa realidade: a catequese, a preparação dos pais e padrinhos para o Batismo, os encontros para a Crisma, curso de noivos etc., há interesse de participação, desejo de compromisso e responsabilidade para a formação?

Vamos juntos refletir sobre o que são os sacramentos e sobre a sua importância em nossa vida.

B. Iluminar com a Palavra

B.1. O que são sacramentos?

Existem muitas coisas que nos tocam profundamente. Quando as coisas despertam saudades que fazem brotar, no coração, a memória

Viver sob a luz de Cristo – Catequese com adultos **155**

de uma experiência, dizemos que são sacramentos. Sacramento é isto: sinal visível de uma realidade invisível, ação de Deus em nós.

O símbolo pode ser um objeto, mas também um gesto, uma expressão corporal, um sorriso, e o que tem valor não é mais aquilo que é em si, mas o que simboliza. Então, podemos dizer que símbolo é a linguagem do coração, do mistério.

Nossa vida é carregada de sinais: as palavras, os gestos, o abraço, o sorriso, o choro, tudo é sinal. Um objeto, uma flor, um lenço podem trazer consigo um forte significado simbólico, quando se transformam em sinais de sentimentos para quem os recebe. A partir do momento em que esses objetos provocam um memorial de alguma experiência, adquirem um sentido sacramental.

No cristianismo, os sacramentos apontam para a nossa vida cristã. Assim, são sinais que contêm, mostram e rememoram a experiência da fé cristã. Sinais que carregam consigo e que comunicam uma realidade diferente deles, mas presente neles. Jesus é o sacramento fontal de Deus, isto é, o sacramento por excelência. Sua vida é a fonte de todo sacramento da fé cristã.

Agora que Jesus não está mais visível entre nós, a IGREJA se torna o sacramento de Jesus. Ela nos coloca em contato com ele através de sinais que chamamos SACRAMENTOS. Estes nos colocam em união profunda com Jesus. Cada sacramento é um profundo encontro com Cristo que atua em nós e nos leva a um compromisso de vida.

B.2. A Igreja, sacramento de Cristo

A Igreja, em sua totalidade como comunidade de fiéis e comunidade de história da fé em Jesus Cristo ressuscitado, seu credo, sua liturgia, foi chamada sempre de grande sacramento da graça e da salvação no mundo. Ela se faz sacramento enquanto participa e atualiza o sacramento de Cristo. É ela que convoca todos os seguidores de Jesus para celebrar. Assim, a liturgia, com seus ritos, objetos sagrados, sua atividade no mundo, todos os gestos e palavras da Igreja-sacramento assumem uma função sacramental porque põem presente o Cristo.

B.3. Os sacramentos fazem a Igreja

É nos sacramentos bem celebrados e assumidos que a Igreja encontra sua identidade. Cada sacramento tem tudo a ver com a comunidade:

- Batismo: entrada na comunidade;
- Crisma: responsabilidade para com a comunidade e, através da comunidade, com o mundo;
- Eucaristia: reunião da comunidade para, com Cristo, louvar ao Pai e celebrar a fraternidade;
- Reconciliação: volta para a comunidade que ficou prejudicada com os pecados dos seus membros;
- Unção dos Enfermos: a comunidade presente na hora da doença;
- Matrimônio: amor que se torna fecundo, acrescentando novos membros à Igreja;
- Ordem: serviço à comunidade pela celebração dos sacramentos.

B.4. Os sacramentos exigem compromisso da nossa parte

Os sacramentos celebram o mistério da morte e ressurreição do Senhor e exigem, por parte daqueles que os recebem: conversão, fidelidade, testemunho e compromisso da vida cristã.

O sacramento não é magia. Também não é apenas rito. O sacramento é proposta de Deus e também resposta humana. O ser humano vai descobrindo Deus e sua graça nos gestos significativos da vida. É uma caminhada contínua de conversão. Sem a conversão, a celebração do sacramento é ofensa a Deus.

B.5. Os sete sacramentos

Toda a ação da Igreja a serviço do Reino de Deus participa da sacramentalidade da Igreja. Do séc. IV ao séc. XII usava-se a palavra "sacramento" para tudo o que se referia ao Sagrado. Porém, a partir do século XII, os teólogos começaram a destacar sete gestos primordiais da Igreja. Ela assumiu essa doutrina e, no Concílio de Trento, em 1547, são assumidos, oficialmente, os sete sacramentos, os sete sinais que tornam presente a ação salvadora de Jesus. São eles: o Batismo, a Crisma, a Eucaristia, o Sacramento da Reconciliação (penitência), a Unção dos Enfermos, a Ordem e o Matrimônio.

C. Viver a Palavra

O que significa para nós celebrar os sacramentos? Sabemos que eles nos acompanham em nossa vida, desde o nascimento até a morte? Fica uma proposta deste encontro: participarmos dos sacramentos como sinais de salvação em nossa vida e assumirmos os compromissos que eles nos exigem.

Vamos refletir: Vivemos os sacramentos como encontro com o Cristo Vivo?

D. Oração que brota da Palavra

Em pequenos grupos, pensar em um símbolo que seja de certo modo um "sacramento". Depois, cada grupo apresenta e explica seu símbolo aos demais.

Terminar com a oração do Pai-Nosso, de mãos dadas, acentuando o sentido desse gesto.

23º encontro

BATISMO – SINAL DO AMOR DE DEUS

A. Ver a realidade

(**Preparar o ambiente:** Bíblia, flor, vela, bacia com água, óleo, cruz, alguns ramos secos, pedrinhas. Convidar algumas pessoas da pastoral do Batismo para participar do encontro.)

Qual a importância do sacramento do Batismo nos dias de hoje? A nossa realidade nos mostra que o seu real significado foi se perdendo. Muitos pais, ao levarem o filho para batizar, o fazem apenas por tradição ou porque acham que o sacramento oferece cura ou proteção dos males do mundo. Muitos pais não frequentam a Igreja, não se preocupam em arranjar padrinhos que professam a mesma fé para ajudá-los na educação da fé de seus filhos.

A Igreja encontra, hoje, uma grande dificuldade para realizar a formação de preparação dos pais e padrinhos, considerando que muitos deles não têm tempo ou não valorizam esses momentos.

B. Iluminar com a Palavra

B.1. Iniciação cristã

Como vimos no encontro anterior, na prática católica, os sacramentos são sete. Três deles dizem respeito à iniciação cristã. São o sacramento do Batismo, Crisma e Eucaristia. Com eles são lançados os fundamentos de toda a vida cristã. No princípio da Igreja, eles eram administrados no mesmo ato. Mais tarde, com o caminhar da Igreja, passaram a acontecer separados, mas constituem, em sua unidade dinâmica, a única iniciação. Eles são reconhecidos pela Igreja como etapas indispensáveis da caminhada necessária para se ingressar na comunidade.

O primeiro marco da iniciação é o Batismo, que se faz professando a fé no Pai, no Filho e no Espírito Santo, ou seja, em nome da Santíssima Trindade. Os outros dois sacramentos carregam consigo o significado de ir fortalecendo o cristão na sua caminhada de fé. Na Eucaristia tem-se o centro da iniciação cristã, a fraterna refeição sagrada em que celebramos o memorial da vida, morte e ressurreição de Jesus Cristo.

B.2. O Sacramento do Batismo

Para entendermos o sacramento do Batismo, devemos partir do Batismo dos adultos. No início da Igreja, só eram batizados os adultos, e depois de uma longa preparação. Em determinadas épocas, essa preparação levava até três anos. Mas eram os adultos mesmos que, atraídos pela pregação sobre Jesus Cristo, pediam que fossem admitidos como membros dessa comunidade. Isso demonstra que, na prática, as pessoas viviam essa experiência, já haviam passado por uma "conversão" e desejavam participar da comunidade. Mas não significava que, ao se aproximarem do Batismo-Crisma-Eucaristia, elas tinham plena maturidade de vida, mas sim se apresentavam na qualidade de recém-nascidas para a vida nova.

Ser batizado é fazer uma opção de vida: optar por Jesus Cristo, viver, julgar, agir, amar como ele.

Sendo incorporados em Cristo, nós nos tornamos irmãos dele e filhos do Pai de um modo novo. Também somos incorporados na comunidade e participamos da sua missão.

O Batismo perdoa os pecados. Deus se esquece do que se passou, insere o homem em Cristo e espera dele, doravante, muitos frutos.

B.3. O Batismo de crianças

O Batismo das crianças é tradição antiga na Igreja e generalizou-se no século V. Muitas discussões já aconteceram entre os teólogos sobre o sentido de se batizar as crianças. Em princípio, é possível porque o amor de Deus nos precede, nos acompanha e se nos oferece gratuitamente, um amor que se atualiza e toma corpo na Igreja – comunidade de fé.

Pela tradição cristã, a criança é batizada na fé da Igreja, ou seja, na fé dos pais. A criança, sem condições de fazer sua opção de se colocar no seguimento do Cristo, tem os pais e padrinhos e, ainda, a comunidade, que assumem esse compromisso de conduzi-la pelo caminho de uma conversão dos valores do mundo aos valores e modo de viver do cristão. Mais tarde, ela pode fazer sua própria opção, confirmando com o sacramento da Crisma.

O Batismo é uma opção livre e consciente. Assim como a criança nasce em uma família e os pais, responsáveis pela educação de seus filhos, vão lhes transmitindo os valores da vida que eles mesmos vivem, assim também é a criança batizada que nasce na família da Igreja. No decorrer de sua vida, junto com os pais e padrinhos, vai conhecendo a Cristo e assumindo seu Batismo e suas exigências.

B.4. Significado dos símbolos e gestos do Batismo

A água é símbolo de morte, vida e de purificação: as enchentes nos lembram dos afogamentos; um copo d'água revigora; tomar um banho dá ânimo ao corpo, renova, purifica.

No Batismo a água simboliza a morte ao pecado, a vida nova em Cristo, a purificação dos pecados. É a passagem da vida antiga (pecado) para a vida nova em Cristo (graça). É passar dessa situação de morte (pecado) para o Deus Vivo e Verdadeiro, vencendo todos os obstáculos, assim como o povo de Israel se esforçou para atravessar o mar Vermelho. Assim como a luta de Jesus durante sua vida, paixão e morte, assim também o Batismo em nossa vida significa a luta do dia a dia para vivermos em Cristo e nos colocarmos a serviço do amor de Deus. A água também simboliza o Espírito Santo (Jo 7,37-39) que atua no cristão.

O gesto simbólico de passar pela água é acompanhado pelas palavras: "Eu te batizo em nome do Pai, do Filho e do Espírito Santo" (Mt 28,19), o Deus vivo e verdadeiro que Jesus Cristo nos revela. Assim somos inseridos em Jesus Cristo, incorporados nele para uma vida nova.

- A veste branca simboliza a vida nova em Cristo, a vida da graça.
- A vela é símbolo da fé, símbolo de Cristo que disse: "Eu sou a Luz do mundo". Essa Luz ilumina a vida do cristão na sua caminhada para Deus, com os irmãos.

- A unção com o óleo dos catecúmenos no peito da criança significa a força de Cristo, da qual o cristão precisa para as lutas da vida.

- A unção com o óleo do Crisma no Batismo é sinal do sacerdócio régio do batizado. Ela quer nos tornar, com Cristo, sacerdotes, profetas e reis.

- Sacerdotes: participamos pelo Batismo do sacerdócio de Cristo. Somos povo sacerdotal, que acolhe a vida como dom e a oferece ao Senhor em ação de graças.

- Profetas: somos participantes do Mistério da Salvação em Cristo: anunciar aos homens suas Palavras e denunciar as injustiças.

- Reis: possuímos o Reino de Deus. Com Cristo, vencemos a morte e o pecado e participamos da própria vida de Deus. Ser rei é trabalhar para fazer acontecer o direito e a justiça na vida das pessoas.

B.5. O Batismo em outras Igrejas

Para considerar válido o Batismo em outras Igrejas, a Igreja Católica leva em consideração três critérios: que seja feito com água; que seja feito em nome da Trindade; que quem batiza tenha, de fato, legítima intenção de inserir o batizado na Igreja de Cristo.

C. Viver a Palavra

Como está sendo feita, em nossa comunidade, a preparação dos pais e padrinhos para o Batismo das crianças? O que precisa melhorar?

D. Oração que brota da Palavra

Fazer um círculo, colocar uma toalha no centro e sobre ela os símbolos que trouxeram. Colocar os ramos secos e pedrinhas dentro da água.

Fazer um momento de silêncio observando os símbolos, a água suja, a nossa situação de pecador. Cada um é convidado a ir até o centro retirar a sujeira da água (pedras, galhos secos...), dizendo qual situação de pecado quer eliminar.

Sugestão de um canto sobre o Batismo.

24º encontro

"VOCÊS SERÃO MINHAS TESTEMUNHAS"
(CF. LC 24,48)

A. Ver a realidade

(**Preparar o ambiente:** Bíblia, flor, vela, água, óleo, cruz. Convidar alguns catequistas da catequese de Crisma para participar do encontro.)

Qual a importância do sacramento da Crisma nos dias de hoje? Muitos pais que não frequentam a Igreja não se preocupam em orientar seus filhos para a vivência dos sacramentos. E outros pais encaminham seus filhos para a preparação da Crisma por tradição, como se fosse uma obrigação, e assim os jovens se fazem presentes nos encontros, mas sem muito entusiasmo. É lamentável ver jovens assim, crismando-se porque os pais determinaram. Ou só porque os colegas o estão fazendo.

Temos também presentes, em nossa realidade, casos em que os jovens procuram o sacramento, estão entusiasmados, mas os encontros de preparação não conseguem encantá-los.

O resultado é que muitos jovens, após o sacramento da Crisma, acabam desaparecendo do convívio com a comunidade eclesial, das celebrações litúrgicas etc.

B. Iluminar com a Palavra

Vimos, no encontro anterior, que o primeiro marco da Iniciação Cristã é o Batismo. Nossos pais e padrinhos nos apresentaram à Igreja para sermos batizados. Foram eles que assumiram a responsabilidade de nos educar na fé que professam. Assim, somos inseridos na família da Igreja e amados por ela antes de podermos amá-la; fomos amados por Deus antes que pudéssemos amá-lo e encontramos nossos irmãos em Cristo, os quais nos ajudam a crescer na fé. Isso porque nossa fé não nasceu "pronta". Ela precisa crescer constantemente, amadurecer junto conosco, avivar-se.

Agora, já crescidos, precisamos assumir as nossas responsabilidades. Da mesma forma que nos tornamos responsáveis pelas tarefas domésticas, ajudando nossos pais, pela escola, cumprindo os nossos deveres, assumindo compromissos na sociedade, assim também devemos ser responsáveis e assumir compromissos na comunidade.

O sacramento da Crisma supõe compromisso e nos convida a tomar consciência disso, ou seja, assumir as responsabilidades das promessas do Batismo realizadas pelos nossos pais e padrinhos: fazer opção por Jesus Cristo e se colocar no seu seguimento – viver, julgar, agir, amar como ele.

O Papa João Paulo II afirma que "a família é o santuário da vida". Isto é, o lugar sagrado onde a vida é gerada e se desenvolve. Assim como pertencemos a uma família e juntos convivemos formando um lar, a comunidade é o lugar onde os cristãos vivem a mesma fé e formam uma grande família.

B.1. O sacramento da Crisma

A Crisma é o sacramento do Espírito Santo. Tem sua origem no tempo dos apóstolos. Para compreendê-lo melhor, pode-se ler na Bíblia: Atos 2,1-11; 8,14-17; 9,17-20.

Ser crismado significa:

- confirmar o compromisso do Batismo assumido pelos pais e padrinhos;
- ser um membro da Igreja, comprometendo-se com a comunidade;
- ser uma verdadeira testemunha de Cristo no meio onde se vive: na família, no trabalho, no mundo, exercendo assim a missão da Igreja a serviço do Reino.

Antigamente, quando se batizavam somente os adultos, a Crisma era administrada junto com o Batismo. Depois, com o grande aumento de batizados e com o Batismo das crianças, houve uma separação. O bispo guardou para si a administração da Crisma, que era feita em determinadas oportunidades.

Hoje, o nome mais comum dado ao sacramento da Crisma é "Confirmação". Mas o que estamos confirmando? Estamos assumindo o compromisso de cristão, reafirmando as promessas do Batismo. Na Crisma o Espírito Santo nos envia para sermos testemunhas de Cristo e vivermos essa missão no meio do mundo.

B.2. Encontros de preparação para a Crisma

A importância do sacramento da Crisma exige uma preparação de ao menos um ano, com encontros semanais. É um tempo para que os crismandos possam amadurecer na fé, fazer experiência de Deus na oração, na escuta da Palavra e na vivência em comunidade. Depois de crismados, os jovens podem optar por um engajamento maior na comunidade eclesial, bem como, e acima de tudo, ser cristãos autênticos, transformadores da sociedade. Assim, faz-se necessário que os encontros sejam bem preparados e que ajudem os jovens a fazer uma verdadeira experiência de Deus.

B.3. Significado dos símbolos, sinais e gestos do sacramento da Crisma

- **Óleo do Crisma:** o óleo do Crisma simboliza o Espírito Santo. É um óleo perfumado, feito de oliva, consagrado pelo bispo na Quinta-feira Santa, em uma cerimônia solene. Ao óleo misturam-se um bálsamo e um perfume do Oriente. O óleo é colocado na fronte do crismando.

A unção com óleo, na Crisma, é semelhante à unção de Jesus, o "Messias". Misturado com o bálsamo, simboliza o "odor" que um bom cristão espalha em seu redor. Ser ungido é tornar-se profeta para anunciar e testemunhar a Palavra de Deus; é fazer parte de um povo de reis, uma raça escolhida (1Pd 2,9). Significa, ainda, que o nosso corpo é ungido como templo do Espírito Santo.

No Batismo, já se recebe esse óleo. Na Crisma, recebe-se o óleo para confirmar a pertença à Igreja, mas, especialmente, como sinal de nossa missão no mundo.

- **Vela:** é a luz. Lembra a luz do Espírito Santo em nossa vida.

- **Imposição das mãos:** assim como os apóstolos, os bispos conferem a Crisma impondo as mãos sobre os crismandos. Esse gesto significa a transmissão da graça de Deus e confere a força do Espírito Santo para sermos testemunhas dele no mundo.

B.4. Celebração do sacramento da Crisma

A celebração deve ser cuidadosamente preparada, com simplicidade, valorizando o rito próprio desse sacramento e evitando que seja um mero evento social.

C. Viver a Palavra

Como estamos vivendo o nosso compromisso assumido na Crisma?

Há muitos adultos que não foram crismados e que sentem dificuldade em se engajar no grupo de preparação dos jovens. Não seria interessante formar grupos de adultos para se prepararem para a Crisma?

D. Oração que brota da Palavra

Convidar os participantes a se colocarem em círculo. O catequista, então, unge as mãos de cada um e pede que as esfreguem até esquentar. Depois, dão-se as mãos, sentindo o calor que delas emana. Juntos, cantem "Onde reina o amor". Depois, podem se abraçar, desejando a paz.

(No próximo encontro vamos celebrar a beleza do sacramento do Batismo-Crisma. Que todos se sintam convidados. Preparemos uma singela confraternização.)

Celebração da Palavra
Renascidos em Cristo

(**Ambiente:** preparar uma mesinha com uma bacia de vidro e uma jarra de vidro com água, um frasquinho com óleo, uma toalha de mão, alguns ramos secos e outros floridos, uma vela acesa, uma Bíblia.)

Dirigente: Hoje, vamos lembrar o nosso Batismo e nossa Crisma. Nos últimos encontros, refletimos sobre os sacramentos do Batismo e da Crisma, que formam uma unidade. (Quem ainda não for batizado ou crismado pode, desde já, se preparar em espírito para a recepção desses sacramentos.)

A água em nossa vida

Nós somos água. O corpo de um bebê é constituído de noventa por cento de água. E nosso corpo é constituído de setenta por cento de água. Nosso corpo é como nosso planeta: setenta por cento constituído de água.

Sem água não há vida. Quais são os benefícios que a água nos traz? (Partilhar com o grupo.)

Água é sinal de vida, mas também de morte: inundações, afogamentos...

Comentarista: O povo da Bíblia tinha um grande temor à água. Para ele, a água do mar era um lugar onde habitavam os grandes monstros marinhos, a força do mal, da morte e do caos.

No livro do Gênesis, lemos que Deus iniciou a criação separando a água da terra seca. Deus pôs ordem no caos, separou terra e mar. Os Salmos falam, muitas vezes, da angústia que a água traz. Simboliza os sofrimentos do povo e faz que o povo grite a Deus por socorro.

Mas a gratidão pela água sobressai na Bíblia. O povo procura a água das fontes (não do mar) que dá vida, mata a sede, faz repousar. "Às águas tranquilas me conduz" (Sl 23).

Leitor: Diz o Salmo 104: "Fazes brotar as fontes nos vales e escorrer entre os montes. De tuas altas moradas irrigas os montes, Com o fruto das tuas obras sacias a terra".

Canto: *"A minha alma tem sede de Deus;*
do Deus vivo anseia com ardor,
Quando irei ao encontro de Deus e verei tua face, Senhor?"
(2 vezes).

Comentarista: A verdadeira água é Jesus. Ele disse à mulher samaritana:

Leitor: "Quem beber da água que eu darei, nunca mais terá sede, porque a água que eu darei se tornará nele uma fonte da água jorrando para a vida eterna".

Comentarista: Água como morte e água como vida aparecem nos ritos do Batismo.

Diz São Paulo:

Leitor: "Pelo Batismo, fomos sepultados com Cristo em sua morte, para que, como Cristo foi ressuscitado dos mortos pela ação gloriosa do Pai, assim também nós vivamos uma vida nova. E, se já morremos com Cristo, cremos que também viveremos com ele" (Rm 6,4-8).

(Uma pessoa despeja devagar a água da jarra na bacia. Todos observam em silêncio.)

Dirigente: O sacramento da Crisma significa o envio, o testemunho, que decorre do Batismo. É a força do Espírito Santo que deve penetrar a vida do batizado. (Uma pessoa despeja o óleo na água.)

(Os participantes vão passando, um a um, colocando sua mão direita na água, lembrando seu Batismo, sua participação na morte e ressurreição de Cristo e seu testemunho pela força do Espírito Santo. Enquanto isso, cantam.)

Canto: "Banhados em Cristo, somos uma nova criatura. As coisas antigas já se passaram. Somos nascidos de novo. Aleluia, aleluia, aleluia...".

Dirigente: Agradeçamos a graça do Batismo e da Crisma que um dia recebemos. Neste momento, queremos renovar nosso compromisso do Batismo e da Crisma.

Todos: Senhor Jesus, diante de ti, queremos renovar nossas promessas do Batismo e da Crisma: seguir ao Senhor e viver suas exigências, ser membros atuantes da sua comunidade, a Igreja. Lutar contra o pecado em nós e ao redor de nós, para que o Reino de Deus possa se realizar em nós e no mundo. Nós te pedimos a graça de viver nosso compromisso crescendo cada dia em amor e união. Amém.

Sugestão de canto sobre a água.

Dirigente: O Deus misericordioso, Pai de Nosso Senhor Jesus Cristo, que nos faz renascer pela água e pelo Espírito Santo, nos guarde em sua graça para a vida eterna, no Cristo, nosso Senhor. Amém.

(Confraternização.)

25º encontro

EUCARISTIA – RAIZ E CENTRO DA COMUNIDADE CRISTÃ

A. Ver a realidade

(**Preparar o ambiente:** Bíblia, flor, vela, pão, vinho ou suco de uva, toalha para a mesa.)

Os momentos de refeição em família representam oportunidades de partilhar os acontecimentos dos dias, agradecer a mesa farta, bem como de pais e filhos sentarem à mesa e comerem juntos? Como se está vivendo esse belo gesto, hoje?

Hoje em dia, dificilmente pais e filhos se sentam juntos, ao redor de uma mesa, devido a seus compromissos. Nem nos domingos se consegue viver esse momento em família. Partilhamos a experiência de mesa vazia, cada um fica no seu canto. A refeição é feita em frente à televisão, e cada um, sozinho, a realiza de acordo com o seu horário.

Com essa experiência, como entender a beleza da refeição da família de Deus, a Eucaristia?

B. Iluminar com a Palavra

B.1. A refeição na Bíblia

Para entender toda a riqueza da Eucaristia, devemos olhar a Bíblia, tanto o Antigo Testamento como o Novo Testamento.

Para nós, a refeição é muito mais do que somente alimentação. É sinal de união, de amizade, de festa e alegria partilhada. Na Bíblia, seu sentido é mais rico. Nela, a refeição é sinal de amizade, hospitalidade, paz e perdão, presença de Deus. É sinal de Aliança de Deus com seu povo, é sinal do Reino. Toda refeição tem algo de sagrado.

Na Bíblia, em cada refeição celebrava-se a presença de Deus no meio de seus amigos, anunciando o Reino. Depois das refeições, sempre se fazia a oração de agradecimento.

Assim como as refeições são momentos para reunir a família e os amigos, a Eucaristia reúne a comunidade para participar da celebração do Mistério Pascal.

A Eucaristia é o sacramento do amor, o centro de nossa vida, um dos grandes mistérios da fé. É Cristo Ressuscitado presente nos sinais do pão e do vinho consagrados.

B.2. As refeições de Jesus

Para Jesus, a refeição também é muito importante. Quantas vezes encontramos Jesus à mesa com seus amigos (Lc 10,38-42; Jo 2,1-11; Lc 7,36). Para Jesus, cada refeição é celebração da vinda do Reino, da alegria que haverá de vir.

Jesus toma as refeições também com os pecadores, não para causar escândalos, mas para mostrar que o Reino de Deus, do qual a refeição é símbolo, é também para os pecadores.

Jesus, concretizando sua ação e desejando nos deixar um sinal, escolhe uma refeição especial: a refeição da Páscoa (Lc 22,1-20).

Na celebração da Última Ceia com os discípulos, Jesus se dá, misteriosamente, como alimento nos sinais do pão e do vinho. É a refeição da despedida, anúncio do seu sacrifício na cruz e, ao mesmo tempo, uma ordem: "Façam isto em memória de mim".

B.3. Nomes dados ao sacramento da Eucaristia

A riqueza inesgotável desse sacramento exprime-se nos diversos nomes que lhe são dados. São significativos, como sinais e gestos do sacramento da Eucaristia:

■ **Eucaristia:** significa "ação de graças" a Deus. O Povo de Israel dava graças a Deus pela sua libertação. Ao celebrarem, eles se reuniam para comer o cordeiro pascal, o pão e as ervas amargas, e para tomar o vinho em memória da noite em que Deus tirou seus antepassados da escravidão do Egito. Foi na Última Ceia que Jesus nos deixou a memória da sua doação total ao Pai e de sua presença entre nós, transformando aquele momento, o mais intenso e importante da liturgia familiar judaica, na Ceia Eucarística cristã.

- **Ceia do Senhor:** trata-se da ceia que o Senhor fez com seus discípulos às vésperas de sua paixão e da antecipação da ceia das Bodas do Cordeiro, na Jerusalém celeste. Esse é o memorial da ceia de Jesus, a refeição da Páscoa. Uma verdadeira refeição sagrada: "Ele tomou o pão, abençoou e disse: 'Tomai e comei todos vós, este é o meu Corpo que é dado por vós'. Do mesmo modo, ao fim da ceia, ele tomou o cálice, abençoou e disse: 'Tomai e bebei todos vós, este é o meu Sangue, o Sangue da Nova e Eterna Aliança; fazei isso em minha memória'" (Lc 22,17-20). Obedecendo a essa ordem de Jesus, a Igreja celebra a Ceia do Senhor para louvar a sua memória. Trata-se de um memorial, uma festa que recorda a doação e entrega de Jesus por nós. Na Eucaristia, Jesus se torna presente, como alimento espiritual.

- **Fração do pão:** esse rito, próprio da refeição judaica, foi utilizado por Jesus quando abençoava e distribuía o pão entre seus discípulos. Foi por esse gesto que os discípulos de Emaús o reconheceram após a ressurreição, e foi com essa expressão que os primeiros cristãos designaram suas assembleias eucarísticas. As primeiras comunidades, procurando viver a unidade em Cristo, continuaram fracionando o pão nas assembleias, simbolizando, com esse gesto, sua comunhão com Cristo e entre si.

- **Memorial da morte do Senhor:** o cristão comprometido participa da Celebração Eucarística em resposta a Jesus, que pede que, nessa refeição, seja sempre lembrada a sua morte como sacrifício no qual ele se entregou ao Pai e aos irmãos. Assim, na missa celebramos o memorial de sua morte, participando do seu sacrifício e recebendo-o como alimento. (Missa quer dizer: "missão", "envio para anunciar e viver o compromisso com Cristo".)

C. Viver a Palavra

Nesta reflexão, o que nos tocou mais?

O que descobrimos que nos ajuda a participar melhor das nossas celebrações eucarísticas?

D. Oração que brota da Palavra

Convidar os participantes a se colocarem em círculo. Pôr o pão e o vinho no centro.

Ler e refletir 1 Coríntios 11,23-26. Fazer a partilha do pão.

Terminar com um canto.

(Sugestões: "Na mesa sagrada se faz unidade..." ou "O nosso Deus, com amor sem medida...".)

(Para o próximo encontro, todos disponham de um folheto de missa do domingo.)

26º encontro

A CELEBRAÇÃO DA EUCARISTIA

(Para desenvolver este encontro, todos tenham em mãos um folheto da missa dominical.)

A. Ver a realidade

Por que tantas pessoas não valorizam a celebração da Eucaristia? Por que faltam com facilidade à celebração dominical ou a deixam totalmente? Diversas podem ser as razões. Mas, certamente, uma delas é a falta de conhecimento desse grande mistério e da riqueza da sua celebração.

Neste encontro, queremos ajudar a despertar uma grande estima e amor pela mais importante celebração da nossa fé. Vamos continuar o desenvolvimento da liturgia, através do folheto que temos em mãos.

B. Iluminar com a Palavra

B.1. Ritos iniciais

Depois do canto de entrada, o celebrante saúda o povo reunido em nome de Deus.

Confessamos nossa culpa diante de Deus e pedimos perdão pelas faltas cometidas, purificando-nos, assim, para o grande ato de louvor.

Aos domingos, e em certas festas, canta-se ou reza-se o hino de louvor, o "Glória".

Observemos como são bonitas as palavras: "Nós vos louvamos, nós vos bendizemos, nós vos adoramos, nós vos glorificamos, nós vos damos graças por vossa imensa glória".

É uma antecipação da Oração Eucarística.

B.2. Liturgia da Palavra

Para entender toda a grandeza da celebração eucarística, para conhecer os grandes feitos de Deus, é anunciada a Palavra de Deus. Em cada missa, algum aspecto da nossa salvação é abordado e aprofundado.

Aos domingos, são lidas três passagens da Escritura: a primeira é do Antigo (Primeiro) Testamento, seguida pelo Salmo responsorial. A segunda leitura é, geralmente, tirada das cartas do Novo Testamento, e a terceira é tirada de um dos Evangelhos. Há sempre uma ligação entre a primeira e a terceira leitura, mostrando como, em Jesus, se realiza o Antigo Testamento. (Vamos olhar no folheto se descobrimos a ligação entre a primeira leitura e o Evangelho.)

Depois das leituras segue a homilia, que deve esclarecer aos ouvintes o sentido das leituras ouvidas.

Com a profissão de fé e as preces da comunidade, termina essa primeira parte da missa.

B.3. Liturgia eucarística

A liturgia da ceia começa com a preparação das ofertas. A mesa é preparada; o pão e o vinho irão se tornar sinais do Corpo e do Sangue do Senhor.

Às vezes, é feita uma procissão do ofertório. Oferecemos também nossa vida, nossas dores, nossas lutas e alegrias. Mas ainda não é o oferecimento propriamente dito. Esse momento se dá depois da consagração. A procissão das ofertas é preparação para que Cristo assuma tudo que temos e somos, na sua entrega ao Pai.

B.4. A Oração Eucarística

A parte mais importante da celebração é a Oração Eucarística, também chamada A GRANDE AÇÃO DE GRAÇAS. Dizemos graças a Deus pela obra da salvação, pela doação de Cristo e pela reconciliação que ele adquiriu para nós. Agradecemos a ressurreição de Jesus, celebrando, assim, toda a riqueza do Mistério Pascal. (Vamos seguir as diversas partes no folheto.)

A Oração Eucarística toda se dirige a *Deus Pai*.

Começa com o *prefácio*, uma oração de louvor e gratidão. O prefácio termina com o "Santo, Santo, Santo", hino de louvor, e todo o povo se une a essa aclamação do presidente.

O presidente invoca o *Espírito Santo* (*1ª invocação*, também chamada "epiclese"), a fim de que as ofertas se tornem para nós o Corpo e Sangue do Senhor.

Segue a narrativa daquilo que Jesus fez e disse na última ceia. É a parte que conhecemos como "consagração". (Vamos ler essa parte no folheto.)

No fim dessa parte, o sacerdote diz: "Eis o mistério da fé", e todo o povo responde: "Anunciamos, Senhor, a vossa morte, e proclamamos a vossa ressurreição. Vinde, Senhor Jesus".

Assim expressamos a nossa fé na morte e ressurreição de Jesus e a nossa espera por sua volta no fim dos tempos. E até lá celebraremos diariamente esse ato de louvor.

A oração que segue (também chamada anamnese – memória) recorda a paixão e ressurreição de Jesus. É esse o *momento da oferta de Cristo ao Pai*, por toda a sua comunidade. (Procuremos essas palavras no folheto.)

Novamente, o celebrante invoca o *Espírito Santo*. (2ª invocação ou "epiclese"). Agora, pede que, "pela participação no Corpo e Sangue de Cristo (a comunhão), sejamos reunidos pelo Espírito Santo num só Corpo". *Toda a comunidade deve ser transformada em "Corpo do Senhor"*.

Seguem *as intercessões* em que nos lembramos de todos os membros do Corpo Místico: os santos, o papa, os bispos, o clero, todo o povo de Deus, também os falecidos, pedindo graças e bênçãos para todos eles. Pedimos força para, juntos, construirmos o Reino.

A Oração Eucarística termina com a *doxologia* (oração de louvor): "Por Cristo, com Cristo, em Cristo...". (Vamos ler juntos essa doxologia, no folheto.)

Toda a Oração Eucarística é dirigida a Deus Pai, por Jesus, que reza essa oração junto conosco, porque somos o seu Corpo. Todos juntos somos o povo sacerdotal, unido ao grande sacerdote, Cristo, que reza conosco.

Nessa Oração Eucarística, encontramos toda a riqueza da Eucaristia:

- ação de graças e louvor da comunidade, dirigidos ao Pai em nome de Jesus;

- oferecimento do sacrifício de Jesus ao Pai;
- comemoração da presença do Senhor Ressuscitado entre nós;
- a Nova Aliança concluída com os homens;
- anúncio do Reino e da nossa missão.

B.5. Comunhão

Depois do Pai-Nosso e do Cordeiro de Deus, comungamos. *Pela comunhão*, unimo-nos ao sacrifício de Cristo, a seu ato de louvor, à sua vida de doação e renúncia. Vamos "comer e beber" o Corpo e Sangue do Senhor, para sermos transformados nele. Comungar é comprometer-nos com a construção do Reino. Não se pode separar a celebração da Eucaristia da vida do cristão. Na Missa, trazemos nossa vida até o altar e levamos força para uma nova caminhada.

B.6. Despedida

A celebração termina com a bênção do celebrante que, assim, nos envia para cumprir nossa missão.

C. Viver a Palavra

Como podemos viver a Eucaristia dominical com mais amor? Quais são os obstáculos para que isso aconteça?

Vamos dar atenção especial à Oração Eucarística. Não é só a consagração, mas toda a Oração Eucarística (da qual faz parte a consagração), que é o grande louvor ao Pai, por Cristo, com Cristo e em Cristo, na unidade do Espírito Santo.

(Observação: A adoração do Santíssimo não faz parte da Liturgia da missa. Deve ser feita em horário diferente.)

D. Oração que brota da Palavra

Vamos rezar, alternadamente, no folheto, o hino de louvor: "Glória a Deus nas alturas...".

(No próximo encontro, faremos uma bela celebração sobre a Eucaristia. Não é uma Eucaristia propriamente dita. Vejamos, desde já, o que deve ser preparado.)

Celebração da Palavra
Eucaristia – Um banquete para todos os povos

(**Ambiente:** Providenciar uma mesa com uma toalha branca, um cesto de pãezinhos [para todos os participantes], uma jarra com vinho ou suco de uva, cálices para o vinho, uma Bíblia, algumas flores ou uma planta bonita.)

Canto incial: (mantra) "Desde a manhã, preparo uma oferenda, E fico, Senhor, à espera do teu sinal" (2 vezes). (Cantar três vezes.)

Introdução (dirigente): Nos encontros passados, refletimos sobre os três sacramentos da iniciação cristã.

No início da Igreja, os três sacramentos foram administrados juntos:

- Batismo – entrada na comunidade de Jesus, a Igreja, assumindo a vivência do Evangelho.
- Crisma – envio em missão, ser testemunho de Cristo no mundo.
- Eucaristia – participação na ceia do Senhor, celebrando o Mistério Pascal.

No Antigo (Primeiro) Testamento, encontramos uma leitura do Profeta Isaías que prefigura o grande "banquete" de Deus, no fim dos tempos, e que é antecipado pelo banquete da Eucaristia.

Leitura (Is 25,6-8):

"O Senhor dos exércitos dará, nesta montanha,
Para todos os povos,
Um banquete
e carnes gordas,
Um banquete de vinhos finos,
De carnes suculentas e vinhos depurados.
Nesta montanha ele vai destruir o véu
Que envolvia os povos todos,
A mortalha estendida sobre as nações.

Acabou a morte para sempre.
O Senhor Deus enxugará as lágrimas de todas as faces
E, pela terra inteira, eliminará
Os vestígios da desonra do seu povo.
Foi o Senhor quem falou!".

Comentarista: Isaías descreve, em bela linguagem simbólica, a realização do grande sonho de Deus no fim dos tempos. Jesus chama a esse sonho de Deus: Reino de Deus, união de todos em Deus, paz e harmonia, felicidade total. É um festim messiânico. O Messias (Jesus) o realizará!

Jesus também fala sobre esse banquete nupcial em parábolas. Deus prepara a celebração das núpcias do seu Filho com a Igreja, a sua Esposa, para a qual todos são convidados. Vamos ouvir a leitura em Mateus 22,2-10.

Leitura: (Ler a parábola da Bíblia. Depois, guardar alguns instantes de silêncio.)

Comentarista: Também as múltiplas narrações da multiplicação dos pães simbolizam esse banquete. Há pão para todos. Há até cestos de pães sobrando. Nas bodas de Caná, há vinho em abundância. Isso tudo quer dizer que o Messias (Jesus) chegou para realizar o sonho do Pai.

E cada Eucaristia é sinal desse Reino, desse banquete do Pão e do Vinho.

Canto: *"Procuro abrigo nos corações, de porta em porta desejo entrar.*
Se alguém me acolhe com gratidão, faremos juntos a refeição (2 vezes).
Vou batendo até alguém abrir. Não descanso. O amor me faz seguir.
É feliz quem ouve a minha voz e abre a porta; entro bem veloz.
Eu cumpro a ordem do meu coração. Procuro abrigo...".

Dirigente: Antecipar o banquete messiânico que Deus nos prepara não significa que o esperamos pacificamente. É tarefa da Esposa do Cordeiro, a Igreja, trabalhar para que a grande festa do Reino seja para todos, como as leituras falam claramente. Nós preparamos a chegada do Reino definitivo trabalhando unidos, partilhando o pão, construindo, desde já, a solidariedade entre os povos. Em cada Eucaristia, festejamos a espera daquele mundo feliz e nos comprometemos a assumir a nossa parte na realização do Reino.

Comentarista: Neste momento, vamos olhar a mesa que está preparada com a toalha branca, com o cesto de pães e a garrafa de vinho. (Alguém pode ler, solenemente, o texto de Isaías 25,6-8.) Em seguida, reparte-se o pão, que é distribuído entre os participantes. (Essa pequena refeição substitui, hoje, nossa costumeira confraternização.)

Sugestão de canto: sobre a Eucaristia/refeição.

(No final, todos se abraçam).

(**Observação:** Em outra ocasião, o grupo pode considerar a possibilidade de celebrar uma Eucaristia, conforme as orações e leituras do dia, dando atenção especial à Oração Eucarística.)

27º encontro

RECONCILIAÇÃO: FORMAÇÃO DA CONSCIÊNCIA CRISTÃ

A. Ver a realidade

Diante das exigências do nosso compromisso cristão, sentimos nossas faltas e omissões. O fracasso faz parte da nossa vida. Diante das exigências do amor, descobrimos nosso pecado. Diz São João: "Se dissermos que não temos pecado, enganamo-nos a nós mesmos e a verdade não está em nós" (Jo 20,19-23).

Diante dessa realidade, precisamos da misericórdia, do perdão de Deus e dos irmãos. Precisamos de Cristo, que veio para salvar, para reconciliar o homem com Deus. O perdão é dom pascal. (Vamos ler Jo 20,19-23.)

Foi no próprio dia da Páscoa que Jesus entregou esse dom à sua comunidade, à Igreja. A alegria da Páscoa está em íntima ligação com o perdão dos pecados. O sacramento da Reconciliação é o sinal desse grande dom de Deus; é dom Pascal!

Vamos refletir (em grupos): Muita gente tem dificuldade com a confissão. Quais são as razões que muitos apresentam?

O que vocês entendem por "pecado"? O pecado ainda existe? Como?

(Recolher as respostas.)

B. Iluminar com a Palavra

B.1. Em que consiste o pecado?

A partir do que acabamos de refletir, sentimos que nem sempre é claro em que consiste o pecado. Sabemos que Deus "sonha" com um mundo em que todos possam ser felizes, viver como irmãos, em paz, levando uma vida digna. Jesus chama esse projeto de Reino de Deus. Ele veio inaugurar esse Reino cuja marca é o cumprimento da vontade de Deus. Jesus nos ensinou a rezar: "Venha a nós o vosso Reino. Seja feita a vossa vontade assim na terra como no céu". Quantas vezes pronunciamos essas palavras de Jesus!

A realização do sonho de Deus depende de nós, suas criaturas. Se cooperarmos com esse projeto de Deus, se dermos o nosso SIM, estaremos cumprindo a vontade de Deus. E essa é a maior glória que lhe podemos dar.

Se nos recusarmos a cooperar, se dissermos "NÃO", ficaremos em falta com Deus e com nossos irmãos. Então, "pecamos".

Esse é um princípio fundamental que nos deve orientar quando falamos sobre o pecado. Esse princípio resolverá muitas perguntas e dúvidas. Devemos sempre estar atentos para promover a *verdadeira* felicidade dos outros, e também a nossa... No campo da política, das questões sociais, da vida familiar, na vida cotidiana em nossas relações com os outros, é sempre essa a regra que vale. Exige de nós uma atitude de responsabilidade, de maturidade, sabendo renunciar a certos desejos para respeitar, promover, ajudar o outro.

Vivemos num mundo em que se busca somente o prazer, a própria satisfação, e parece que não há mais "regras" para nada. Será que é assim? A sociedade nos mostra certos valores que, na realidade, não são valores. Derruba costumes, substituindo-os por atitudes levianas, sem se questionar se tudo que se apresenta hoje proporciona a verdadeira felicidade, a verdadeira vida. Convém refletir e deixar-nos orientar pelos valores que Jesus pregou, que o Evangelho nos mostra. (Podem--se citar alguns exemplos desses "falsos valores?)

B.2. É importante formar uma consciência madura e responsável

É importante formar nossa consciência crítica e madura, sabendo explicar as razões dos nossos atos. O que é certo? O que é errado? Por quê?

Como dar uma resposta aos problemas da vida? A Igreja procura nos orientar. Mas, afinal, a própria consciência deve dar a última palavra. Enquanto não adquirirmos essa maturidade, vamos precisar de prescrições e mandamentos, a exemplo dos pais que mandam nos filhos enquanto estes não têm ainda maturidade e responsabilidade para agir corretamente.

B.3. O que diz a Palavra de Deus?

O grande mandamento é o AMOR. "Ame e faça o que quiser", diz Santo Agostinho.

E São João, na sua primeira carta, diz: "Deus é Amor. Quem permanece no amor, permanece em Deus e Deus permanece nele. No amor não há temor. Ao contrário, o perfeito amor lança fora o temor, pois o temor implica castigo, e aquele que teme não chegou à perfeição do amor" (1Jo 4,16b.18).

Leiamos juntos Mateus 22,34-40. Depois, respondamos às seguintes perguntas:

- Explique qual é o projeto de Deus para a humanidade.
- Como você definiria o pecado?
- Que entende por consciência crítica?
- Como podemos formar nossa consciência para torná-la madura? Será que precisamos da ajuda de outros?

C. Viver a Palavra

Em casa, procurem em revistas e jornais gravuras ou textos que mostrem o "pecado": tudo que ataca a vida e a felicidade das pessoas, individual e coletivamente. Tragam-nos para o próximo encontro, para serem debatidos.

D. Oração que brota da Palavra

Vamos ler o Salmo 51. Primeiro, leiamos em silêncio; depois, alguém o lê em voz alta.

Quais versículos nos tocam mais? Por quê?

Em silêncio, cada um converse com Deus sobre o que está no seu coração, pedindo que ele lhe mostre o caminho a seguir.

Para terminar, cantemos algum canto que fale de perdão. (Sugestão: "Muito alegre, eu te pedi o que era meu...".)

28º encontro

RECONCILIAÇÃO: VOLTA A DEUS E À COMUNIDADE

A. Ver a realidade

No encontro anterior refletimos sobre a situação do pecado no mundo, na comunidade e dentro de nós. (Aqueles que trouxeram gravuras ou textos sobre o assunto, como foi pedido, podem apresentá-los e o grupo pode fazer seus comentários.)

B. Iluminar com a Palavra

Hoje, vamos abordar mais diretamente o sacramento da Reconciliação (ou Penitência). Já vimos que o perdão de Deus é um dom pascal que nos é oferecido. Refletimos também um pouco sobre a prática de se confessar nos dias de hoje.

Agora vamos ver, rapidamente, como funcionava o sacramento da Reconciliação na Igreja, através dos séculos.

- Na Igreja primitiva, somente três tipos de pecado eram confessados: idolatria, homicídio e adultério. Quem cometia esses pecados publicamente devia confessar-se ao bispo. O pecador era marcado como "penitente", devia fazer penitência pública e era excluído da participação na Eucaristia. Após um longo tempo de penitência, recebia o perdão numa Quinta-feira Santa, e somente uma vez na vida. Mesmo assim, continuava a obrigação de fazer penitência. Os outros pecados eram perdoados mediante o arrependimento pessoal, a oração, as obras de caridade. Relativamente, poucas pessoas passavam pela confissão.

Viver sob a luz de Cristo - Catequese com adultos · **187**

- Após o século VI, sob influência de monges irlandeses, surgiu o costume de se confessarem também os pecados ocultos. Havia perdão imediato e sem penitência pública. Confessava-se mais vezes por ano. A absolvição era dada também pelos monges e padres, e não mais só pelo bispo. Inicialmente, a absolvição era dada ao penitente, após ter cumprido as obras de penitência impostas pelo confessor (jejum, oração, esmolas, peregrinações etc.)

- Alguns séculos depois, tornou-se comum a forma hoje conhecida: no ato da confissão, o penitente recebe a absolvição e uma penitência a ser cumprida posteriormente.

B.1. O processo da conversão e do perdão

Vamos fazer, primeiramente, a leitura de Lucas 19,1-10. Como se deu a conversão de Zaqueu?

Podemos observar quatro passos:

1. Zaqueu se encontra com Jesus e esse encontro o faz cair em si e ver toda a sua situação de pecado;
2. Zaqueu se reconhece pecador;
3. Promete consertar o mal que praticou;
4. Jesus o perdoa: "A salvação entrou nesta casa".

Vamos ver o processo de conversão na parábola do filho pródigo (Leitura: Lc 15,11-24.)

Nessa leitura, distinguimos os seguintes passos:

1. O filho reconhece seus erros e resolve procurar o pai;
2. Ele se põe a caminho;
3. Confessa sua culpa: "Pai, pequei contra o céu e contra ti...".
4. O pai abraça o filho e o perdoa. E organiza uma festa.
5. No sacramento da Reconciliação segue-se, mais ou menos, o mesmo processo:

A confissão é um encontro com o Senhor Ressuscitado. Diante da sua Palavra, enxergamos nossa culpa. Conscientizamo-nos dos nossos pecados e resolvemos mudar o rumo da nossa vida. Devemos querer CONVERTER-NOS. Sem uma atitude de conversão, de arrependimento, não adianta confessar.

Zaqueu se reconhece pecador. O filho pródigo se acusa do seu pecado. Assim também nós reconhecemos nossa culpa, acusando-nos dos nossos pecados.

Sinal de verdadeiro arrependimento é consertar, do melhor modo possível, o mal causado por nossos pecados. É o sentido da penitência imposto na confissão. Na realidade, as penitências impostas são muito genéricas e não atingem a raiz do mal praticado. Deviam ser mais proporcionais e levar à verdadeira conversão.

Cristo nos perdoa pela mediação do sacerdote. Aqui estão o gesto e as palavras do sacramento. O gesto é, em geral, o sinal da cruz, mas pode ser também a imposição das mãos.

B.2. A confissão e a comunidade

Já sabemos da grande importância da comunidade eclesial. O nosso pecado prejudica a comunidade (cf. 1Cor 12,12s). Precisamos da comunidade para nossa conversão, na luta contra o mal. Por isso, entrou na Igreja o costume da confissão comunitária. Esse tipo de celebração tem diversas vantagens:

1. É expressão de que a comunidade é pecadora e, como tal, se coloca diante de Deus;
2. Expressão de que o pecado de cada um prejudica a comunidade;
3. A comunidade não pede perdão somente a Deus, mas a todos os irmãos presentes;
4. Permite uma boa preparação e conscientização. Bem preparada, pode ser uma ajuda valiosa para a formação da consciência e para o crescimento da comunidade.

B.3. Modalidades atuais

Atualmente, há quatro modalidades de confissão:

1. Confissão individual e absolvição individual;
2. Celebração comunitária com confissão individual e absolvição individual;
3. Celebração comunitária com absolvição comunitária, dando oportunidade de acusação individual a quem quiser fazê-lo;

Viver sob a luz de Cristo – Catequese com adultos   **189**

4. 4. Celebração comunitária, sem confissão individual e com absolvição comunitária. Nesse caso, persiste a obrigação de confessar os pecados graves em outra oportunidade.

B.4. Outras maneiras de sermos perdoados

Quando estamos realmente afastados de Deus e dos irmãos, por pecado grave, devemos mostrar a sinceridade de nosso arrependimento e pedir o perdão de Deus no sacramento da Confissão. Nos outros casos, ou na falta de oportunidade de se confessar, há outros meios para se obter o perdão de Deus:

1. Pela participação sincera na Eucaristia. Toda a força do sacramento da Reconciliação decorre do sacrifício de Cristo, que se torna presente na Eucaristia. A Eucaristia celebra também a reconciliação de Deus com os homens.
2. Pelo perdão mútuo podemos esperar também que Deus nos perdoe.
3. Por atos de penitência e caridade;
4. Pela oração e pela celebração da Palavra de Deus.

Em todos os casos, como também na confissão sacramental, é necessário o sincero arrependimento, a disposição de perdoar os outros e de consertar o mal praticado. Sem isso, não há verdadeira conversão e, então, pedir perdão é somente uma farsa.

C. Viver a Palavra

Já tivemos a experiência e a alegria de ser perdoados por Deus e pelos irmãos? Podemos fazer algo para aprofundar o conhecimento e a experiência da graça do perdão em nosso meio?

D. Oração que brota da Palavra

Vamos ler Mateus 8,1-3. Substituam a palavra "lepra" por "pecado".

Reflitamos: para curar o leproso, bastava uma palavra, um toque de mão.

Assim é a misericórdia de Deus para conosco. Entreguemo-nos a ela. (Fiquemos alguns instantes em silêncio.) Podemos terminar com o seguinte canto, cantado baixinho e de forma a levar à interiorização. (cantar 2 vezes):

"Basta que me toques, Senhor, minha alma fortalecerá.
Se a noite escura está, tua palavra me curará,
Basta que me toques, Senhor."

29° encontro

MATRIMÔNIO: CÉLULA DA COMUNIDADE

A. Ver a realidade

Preparar o ambiente com os símbolos: vela, água, bíblia, aliança e flores.

Diminui sempre mais o número de pessoas que têm a felicidade de possuir uma verdadeira família. Os valores da doação, da repartição dos bens, da ajuda mútua vêm desaparecendo. A família vem sofrendo muitas mudanças nos últimos tempos.

O catequista pode propiciar um tempo de conversa para que os participantes expressem esta realidade: desintegração de família, divórcio ou desquite, desemprego, falta de moradia, alto custo de vida, uma sociedade de consumo que adora os ídolos do dinheiro, do poder e do prazer, os meios de comunicação que entram gratuitamente nos lares e destroem seus valores, a infidelidade conjugal, o amor livre... etc.

No decorrer do encontro pode-se pedir para ler as citações bíblicas.

B. Iluminar com a Palavra

As pessoas necessitam de sinais que expressem o amor de Deus presente na vida. O sacramento do Matrimônio é um desses sinais visíveis da graça invisível de Deus. Um sinal que revela uma realidade profunda e significativa para as pessoas. Sinal esse que Jesus deixou na Igreja e que lembra a presença contínua do seu amor, apesar da sua aparente ausência.

A ação salvadora de Cristo está presente em todos os momentos da vida: desde o nascer até o morrer. Está presente quando duas pessoas se amam e querem unir-se pelo casamento. O amor que nasceu,

Viver sob a luz de Cristo - Catequese com adultos **193**

cresceu e amadureceu é abençoado e confirmado pelo sacramento do Matrimônio. Duas pessoas se comprometem a se amar mutuamente, em fidelidade para a vida. São Paulo compara essa união ao amor que Cristo tem por sua Igreja (Ef 5,25-33).

B.1. Matrimônio

O amor que Deus infunde em nosso coração é partilhado na união com outra pessoa. Deus, ao criar o homem e a mulher, criou-os à sua imagem e semelhança, mas diferentes para que pudessem se completar no amor. Em Gn 2,23 está expressa essa completude: a primeira e fundamental finalidade do matrimônio: o amor. Adão olha para a mulher criada por Deus e diz que esta é ossos de seus ossos e carne da sua carne e a chama de mulher.

O SIM do casal é o compromisso assumido diante de Deus e da comunidade eclesial, simbolizados pelas alianças. É Deus fazendo sua aliança com o casal, ofertando seus dons e cobrindo-os de bênçãos. É Deus chamando-os para, na fidelidade do amor, serem cocriadores com ele.

Como sacramento, o Matrimônio tem finalidade salvífica: santificar os esposos, os filhos, toda a família. Em Gn 1,28, Deus abençoou homem e mulher e lhes disse: "Sejam fecundos, multipliquem-se, encham e submetam a terra; dominais sobre todos os animais". Deus está, ao mesmo tempo, dando-lhes liberdade de autodeterminar-se e querendo fazer os dois felizes, cumulando-os com o dom da atração íntima de todo o seu ser.

O Matrimônio é um ato que traz grandes consequências para a comunidade. Trata-se de um sacramento que não diz respeito só ao casal que o está recebendo, mas a toda a comunidade, por isso é concluído publicamente.

É diante da comunidade que os nubentes prometem "pertencer-se mutuamente em amor e fidelidade, na riqueza e na pobreza, na saúde e na doença, respeitando-se mutuamente". Na reciprocidade do SIM, os esposos se casam. O sacerdote é a testemunha em nome da Igreja e, em nome dessa Igreja, abençoa o casal.

O casal forma, no seio familiar, a sua Igreja doméstica, procurando, juntos, buscar a plenitude de sua humanidade. E, junto à comunidade, procura entrar no dinamismo do serviço ao Reino em favor da ordem social mais justa e solidária. Nesse sentido, o Matrimônio é símbolo da união de Deus com a humanidade, refletindo o mistério da encarnação do Filho de Deus, e sinal da Aliança definitiva de Deus com a humanidade, operada em Cristo.

B.2. Preparação para o Matrimônio

Tudo precisa ser aprendido na vida. Assim como é necessário preparo para ser um bom profissional, também é preciso se preparar para o Matrimônio. Essa preparação para o Matrimônio começa no berço, pela educação de amor e de partilha, de respeito e de diálogo, de corresponsabilidade e solidariedade; uma boa preparação sexual. Os cursos de preparação para o Matrimônio, quando bem organizados, podem ser de grande ajuda.

Mas a preparação precisa de certo tempo, não pode ser de última hora. Bom seria se os noivos colocassem a formação como prioridade para se tornarem bons profissionais na arte do viver a dois.

Importante é que haja uma boa pastoral familiar nas paróquias e nas dioceses. Os problemas são muitos e grandes, as ideias, confusas, o apoio, raro. Que os casais se encontrem em bons movimentos para refletirem juntos e se apoiarem mutuamente.

B.3. Vida conjugal

O amor conjugal está aberto à vida. O casal se coloca nas mãos de Deus, fazendo-se instrumento para a formação da comunidade. É envolvido no mistério da criação, quando se dá o nascimento de uma criança. Vive os conflitos do mundo, os problemas da educação dos filhos, se depara com as dificuldades de desintegração da família, divórcio, desquite e, também, com problemas sociais como desemprego, baixos salários, falta de moradia etc. Os casais precisam, assim, da graça do sacramento para resistir a tantos ataques.

B.4. Contribuição da vida familiar

A melhor contribuição que uma família pode dar é formar seus filhos como futuros cidadãos responsáveis e engajados no trabalho em prol da justiça; que procurem "ser mais" do que "ter mais", que sejam capazes de partilhar, que vivam a fraternidade e a caridade. Que possam formar pessoas que se tornem capazes de "dar a vida" pela felicidade de seus irmãos, que construam sua história segundo a "prática de Jesus".

C. Viver a Palavra

Dialogar sobre as atitudes vivenciadas da vida.

Os compromissos assumidos são verdadeiros?

Todos os sacramentos têm como centro o próprio Jesus Cristo. Ele realizou gestos concretos em favor da vida. O maior símbolo é a promessa de fidelidade que um declara ao outro.

O que podemos ofertar, hoje, como gesto concreto? Como podemos nos acolher, reciprocamente, na distinção e na complementaridade, e, assim, ir construindo o fundamento de uma nova sociedade?

D. Oração que brota da Palavra

Ler Mateus 19,1-9. Fazer a partilha. Podemos terminar rezando o Salmo 128.

Sugestão de canto: "Oração da família" (Pe. Zezinho).

30º encontro

UNÇÃO DOS ENFERMOS – SACRAMENTO DA ESPERANÇA

A. Ver a realidade

(**Preparar o ambiente:** Bíblia, vela, toalha e óleo.)

Até hoje, muitas pessoas ainda têm uma concepção errônea sobre o sacramento da Unção dos Enfermos. Para muitas pessoas, esse sacramento é dado às pessoas doentes que estão em seu estado último. Aí chamam o padre. Muitos doentes ainda ficam assustados quando recebem o padre para a unção. (Converse com os presentes: a pastoral incentiva a comunidade eclesial à solidariedade em relação a seus membros enfermos?)

B. Iluminar com a Palavra

A ação salvadora de Cristo nos acompanha em todos os momentos da nossa vida, também na doença. Em Jesus Cristo, Deus se revelou misericórdia e compaixão. Nele os sofredores e os doentes encontram ânimo para vencer o sofrimento, remédio para recuperar a saúde, solidariedade capaz de integrá-los na vida social e religiosa. Jesus sempre esteve bem próximo das pessoas doentes, a ponto de identificar-se com elas. "Estive doente e me visitastes" (Mt 25,36). Sua dedicação aos doentes se expressa no Mistério Pascal de sua Paixão, Morte e Ressurreição. Como servo sofredor, ele tomou sobre si nossas dores (Is 53,4), assumiu nossas enfermidades espirituais e corporais até o extremo da morte na cruz, para nos oferecer o remédio que cura, restaura e concede vida nova, isto é, a ressurreição. Após a ressurreição, Jesus renova seu envio aos discípulos: "Em meu nome imporão as mãos sobre os enfermos e estes ficarão curados" (Mc 16,17-18).

B.1. Unção dos Enfermos

A ação salvadora de Jesus continua através do sacramento da Unção dos Enfermos. Trata-se de um sacramento de esperança. Não devemos entendê-lo como uma força mágica: falando determinadas fórmulas, dá-se a cura. Não. É uma oração, cheia de fé e confiança, em que pedimos ao Senhor que esteja presente na hora difícil da doença. É uma súplica da Igreja, para restituir ao doente a saúde, se for conforme o plano de Deus. E se não for, para que o doente encontre a força e a coragem de aceitar a doença, e, se for o plano de Deus, também a morte.

O padre unge o doente. O óleo é o símbolo usado, significando Cristo que alivia a dor e restitui a vida. Ao ungir o doente, o padre reza: "Por esta santa unção e por sua bondosa misericórdia, te ajude o Senhor com a graça do Espírito Santo, para que, livre de teus pecados, te conceda a salvação e te conforte em tua enfermidade".

A oração pelos doentes é um evento comunitário que reintegra o doente à sua comunidade. É uma oração de intercessão que tem sua base teológica no "Espírito Santo que mora em nós" (Rm 8,15; Gl 4,6). O alívio proporcionado ao doente pelo resultado da unção é atribuído à oração, dessa forma excluindo todo e qualquer conceito mágico da eficácia do óleo. A unção reanima porque concede ao enfermo o sustento e o fortalecimento na sua comunhão com Deus – ação do Espírito –, e isso alivia e reconforta para assumir a sua vida na atual condição.

B.2. Ação da Igreja

A Igreja, já em seus inícios, começou a celebrar um rito próprio mediante o qual se oferecia ao doente o conforto da graça de Deus. Vários testemunhos, litúrgicos ou outros, atestam a existência de uma bênção de óleo para os enfermos ou de uma unção praticada sobres estes, conforme a recomendação de Tg 5,14ss. Essa unção era conhecida como "Unção solene dos Enfermos". Diz São Tiago na sua carta: "Alguém dentre vós está doente? Mande chamar os presbíteros da Igreja para que orem sobre ele, ungindo-o com óleo em nome do Senhor. A oração da fé salvará o doente e o Senhor o porá de pé; e se tiver cometido pecados, estes lhe serão perdoados". Assim, esse sacramento também perdoa os pecados, se houver arrependimento.

A unção com o óleo era uma prática dos doze Apóstolos.

B.3. Quando chamar o padre para administrar o sacramento?

O sacramento da Unção dos Enfermos é para os doentes que estejam em estado de certa gravidade. Muitas pessoas não querem chamar o sacerdote para não assustar o doente, considerando que se formou um costume errado sobre esse sacramento de esperar até a última hora do doente. Isso porque, a partir do século XII, esse sacramento começou a receber o nome de "Extrema Unção" para os moribundos. Isso contribuiu para, no século XV, retirar o nome de Unção dos Enfermos do Ritual. A partir de então, uma prática foi estabelecida sobre a unção: "As unções sacramentais seriam feitas sobre os órgãos dos cinco sentidos e tinham por efeito próprio retirar os restos do pecado e assim preparar a alma para comparecer diante de Deus".

Com o Vaticano II recuperou-se o sentido primeiro desse sacramento e passou-se a ministrá-lo a todos os doentes que desejassem. Assim, chamemos o padre na hora certa, sem medo, sem preconceitos. A oração da Igreja somente pode fazer um grande bem ao doente e a seus parentes. Também os idosos, que se encontram em estado delicado de saúde, podem ser ungidos.

Tem muito sentido receber o sacramento durante a celebração da Eucaristia. Pessoas idosas e doentes, que podem deslocar-se, podem ser ungidas durante a missa.

A comunhão que é levada para os doentes – o viático – prolonga a celebração da Eucaristia. O doente que não pode estar presente na Igreja recebe a comunhão em casa e, assim, está unido à celebração da missa. O sacramento revela à pessoa doente que o isolamento não rompe sua presença à Igreja.

C. Viver a Palavra

Vamos refletir: Como podemos melhorar a mentalidade do nosso povo a respeito desse sacramento tão rico e cheio de consolo?

Como mudar a mentalidade "supersticiosa" que existe a respeito desse sacramento no nosso meio?

D. Oração que brota da Palavra

Ler Marcos 5,21-43. Em seguida, partilhar.
Rezemos por pessoas doentes que conhecemos.
Terminar com um canto ligado ao assunto.

31º encontro

ORDEM – O SACRAMENTO DO SERVIÇO

A. Ver a realidade

Sabemos que faltam *vocações* sacerdotais na Igreja. No Brasil, 70% das comunidades não têm missa no domingo, por falta de padres. Há países onde as vocações diminuem assustadoramente. Quais podem ser as causas?

B. Iluminar com a Palavra

B.1. A missão do Povo de Deus

O Vaticano II declarou, solenemente, a participação e corresponsabilidade de todo o povo de Deus na missão da Igreja: missão profética, real e sacerdotal.

Missão profética: o anúncio da Palavra pelo testemunho de vida cristã. E a denúncia de tudo que não está de acordo com o Evangelho, seja na comunidade da Igreja, seja na vida social e política.

Missão real: a missão de Jesus foi a proclamação e a instauração do Reino de Deus, que se manifesta nas relações entre as pessoas e nas estruturas que lhe correspondem. O Reino diz respeito a todos: as pessoas, a sociedade, o mundo inteiro. Construir o Reino quer dizer trabalhar para a libertação do mal, sob todas as formas.

Missão sacerdotal: no judaísmo, o sacerdócio estava ligado ao templo e ao culto (oferecer sacrifícios). Dizemos que Jesus é o sacerdote que pôs fim ao sacerdócio do Antigo Testamento, pela entrega de todo o seu ser a Deus e aos irmãos, realizando assim, uma vez por todas, a perfeita mediação entre Deus e os homens.

O culto dos cristãos consiste na transformação de sua existência, pelo amor, apresentando-se a Deus em sacrifício vivo e santo. Expressamos esse sacerdócio, de modo sublime, quando participamos da celebração da Eucaristia, como Povo de Deus, quando prestamos culto perfeito ao Pai por Cristo, com Cristo e em Cristo...

Todo o povo de Deus participa da tríplice missão de Cristo, pelos sacramentos do Batismo, Crisma e Eucaristia.

B.2. O sacerdócio ministerial

Pelo sacramento da Ordem, Cristo perpetua sua missão sacerdotal até o fim dos tempos. O ordenado atua na pessoa de Cristo, Cabeça da Igreja, especialmente quando celebra, em nome de Cristo, os sacramentos, principalmente a Eucaristia. Recebe de Jesus Ressuscitado a missão de perdoar ou reter os pecados (Jo 20,23) e a missão de anunciar o Evangelho a todos os povos (Mt 28,16-20).

A missão do sacerdote está ligada à comunidade. Nela, com ela e para ela, o sacerdote realiza a sua missão sacerdotal. A comunidade participa dessa missão, que é serviço.

No Evangelho de São Marcos, lemos as palavras de Jesus: "Vocês sabem que os chefes dos povos têm poder sobre eles, e os dirigentes têm autoridade sobre eles. Isso, entretanto, não acontecerá com vocês. Se alguém quiser ser grande, deve ser o servidor de todos. E se alguém quer ser o primeiro, deverá ser o servo de todos. Porque o Filho do Homem não veio para ser servido, mas para servir e dar a vida em resgate de muitos" (Mc 10,42-45).

A ordenação episcopal, presbiteral e diaconal constituem um só sacramento, em três graus. A Ordem é o sacramento graças ao qual a missão de Cristo continua sendo exercida pela Igreja até o fim dos tempos; é, portanto, o sacramento do ministério apostólico.

O bispo é o pastor e o primeiro responsável da sua diocese.

Os bispos têm seus auxiliares, os presbíteros (sacerdotes) que presidem a Eucaristia, ministram os sacramentos (exceto os da Crisma e da Ordem), pregam a Palavra de Deus e são animadores da comunidade paroquial.

A tarefa dos diáconos é batizar, pregar e estar a serviço da comunidade.

B.3. O gesto simbólico do sacramento: imposição das mãos

O bispo impõe as mãos sobre a cabeça da pessoa que vai tornar--se bispo, padre ou diácono e pede que o Espírito Santo venha e lhe dê esse ministério específico na Igreja.

A imposição das mãos significa transmissão de força e de autoridade para o serviço. A mão é portadora de força física e moral. É também sinal da transmissão do Espírito da Sabedoria, a força da sabedoria de Deus para dirigir o povo.

O gesto da mão é também um gesto de bênção. A imposição da mão transmite a força de Jesus pelo Espírito Santo.

Na ordem presbiteral, ungem-se as mãos; na ordem episcopal, é ungida a cabeça.

O sacramento da Ordem distingue os ordenados dos demais fiéis. Os ordenados participam do sacerdócio de Cristo de modo essencialmente distinto e recebem a graça, na consagração sacerdotal, para assemelhar-se a Cristo, de modo que todo sacerdote pode dizer que é outro Cristo.

C. Viver a Palavra

Procuremos acolher nossos bispos, padres e diáconos com amor e sinceridade. Nunca pode faltar o respeitoso diálogo entre clero e leigos. Por sua tríplice missão, os leigos têm também responsabilidade para com a comunidade e devem ser ouvidos. Ambos, clero e leigos, podem enriquecer-se mutuamente quando reina entre eles um espírito de serviço e humildade.

Quais são as nossas experiências?

D. Oração que brota da Palavra

Leiamos Mateus 23,8-12 e façamos um comentário sobre o texto.

Em seguida, realizemos algumas orações espontâneas por nossos sacerdotes e cantemos algo que fale sobre serviço ou comunidade. (Sugestão: "Reunidos em torno dos nossos pastores...".)

(**Observação:** Convém enriquecer esta reflexão lendo, novamente, o Encontro n. 20, que dá mais detalhes sobre o assunto.)

QUINTA UNIDADE

Rumo ao Reino definitivo

32º encontro

CAMINHANDO NA ESPERANÇA RUMO AO REINO DEFINITIVO

A. Ver a realidade

Todos os dias a comunidade de fiéis reza o Credo – a profissão de fé dos cristãos – e, falando de Jesus, professa: "De novo há de vir em sua glória, para julgar os vivos e os mortos; e o seu Reino não terá fim".

Também São Paulo diz que, no fim dos tempos, Cristo entregará o Reino a seu Pai, para que Deus seja tudo em todos (1Cor 15,28).

Como tudo isso é compreendido na nossa realidade?

Uns acreditam que Jesus virá aqui na terra e retirará os seus. Essa é a compreensão de muitos. Outros têm medo da morte e do julgamento final. Muitos temem o inferno. Pensam nele como um lugar de trevas, sombrio, quente, terrível. Muitos sonham com o céu, um lugar maravilhoso onde mora Deus, lá em cima, lugar da comunidade dos fiéis que praticaram boas obras. Lá no alto está o Reino de Deus.

Vamos conversar um pouco sobre essa realidade dos finais dos tempos.

B. Iluminar com a Palavra

Toda a nossa caminhada de fé tem como centro a proclamação do Reino de Deus: a comunhão profunda, perfeita e definitiva de Deus com os homens, dos homens com Deus e dos homens entre si.

O cristão caminha com o seu olhar fixo no futuro e o desejo de alcançar a plenitude da vida. A sua esperança o encoraja a manter-se firme na caminhada, lutar e se esforçar. Deus caminha junto e é ele quem realiza o gesto final. Com a sua intervenção se dá a passagem desta vida para a eternidade. Continuamos instalados no Reino que se projeta para além do tempo e da história. Na passagem, levamos tudo o que somos, tudo o que construímos. É a nossa integridade de pessoa humana. A vida nos leva e nos faz chegar em um Reino que não terá fim.

Para que se possa fazer o caminho rumo a esse Reino definitivo, veja o significado de algumas palavras que ajudam e dão dinamismo à nossa vida e ao nosso engajamento em favor do Reino.

B.1. Juízo final

Falar do julgamento final não deve ser razão de medo e de pavor. O julgamento deve ser motivo de grande alegria a partir do momento em que o compreendemos como a realização de tudo aquilo que desejamos. Significa o coroamento de todos os esforços, lutas e sofrimentos que alcançam a sua plenitude no encontro com Cristo. Ele nos convidará: "Venham, benditos de meu Pai, e recebam por herança o Reino preparado para vocês desde a criação do mundo" (Mt 25,34). O dia do Juízo final, o Dia do Senhor, é aquele dia em que Deus porá fim à maldade e fará o bem triunfar. Deus estabeleceu Jesus como juiz. Com ele se dará o primeiro encontro, quando nos convidará a estar na presença do Pai. É por causa disso que mantemos firme a esperança profunda de que será um encontro de amor.

B.2. A salvação

Nosso destino está em Deus. No encontro com o Pai acharemos a plenitude da felicidade. Estaremos unidos com Cristo e com nossos irmãos numa grande comunhão de amor. A salvação já nos foi oferecida por Deus, em Jesus Cristo, que nos ensinou e nos fez partícipes dela, conforme está nos Evangelhos. Em seus ensinamentos percebemos a salvação como realização plena de todos os nossos anseios (Mt 5,3-12), como recompensa por uma vida dedicada à prática da caridade e do amor (Mt 25,31-46; Lc 1,25-37) e como superação das nossas limitações humanas (Lc 15,1-32; Mt 20,1-15). Todos são agraciados pela salvação. Em Cristo Jesus, Deus perdoou e comunicou a todos o seu amor. Com ele chegou o tempo da graça.

B.3. Ressurreição

Trata-se de um tema muito complexo, mas vamos esclarecer algumas coisas:

- A ressurreição não é simplesmente a volta da vida biológica a um corpo já morto, mas sim a superação da morte como realidade destruidora do sentido da vida humana. É o evento central da fé cristã. Jesus foi a primícia dessa ressurreição que aponta para a humanidade um horizonte definido, caminhando para a perspectiva da plenitude onde Deus será tudo em todos (1Cor 15,23-28).

- A ressurreição de Jesus é vista como a confirmação de sua vida, sua ação, sua mensagem, sua morte por Deus Pai (cf. At 2,36).

- A ressurreição dá ao ser humano uma nova condição de vida – vida eterna (Mt 22,23-33; Rm 8,18). Ela é graça, dom maior que Deus promete a todos os que "vivem segundo o Espírito" (Rm 8,1-17).

- A ressurreição da pessoa humana acontece no momento de sua morte. Na morte, Deus a ressuscitará inteira, com toda a sua história, com seu envolvimento histórico, social, estrutural e cósmico. A todo esse processo, chamamos "ressurreição dos mortos".

B.4. Céu – Estar na intimidade com Deus

Literalmente, céu significa firmamento. Céu não é um lugar, mas um estado de perfeita felicidade em Deus. Daqui deste nosso lugar, não temos condições de imaginar o céu. Ele vai além de nossas possibilidades de entender e experimentar. Mas confiamos na palavra de Cristo, que nos promete a vida eterna e reza: "Esta é a vida eterna: que eles te conheçam a ti, o Deus único e verdadeiro, e aquele que enviaste, Jesus Cristo" (Jo 17,3). Esse céu começa aqui, na luta pela construção do Reino anunciado por Jesus Cristo, e tem a sua completude no seio da Santíssima Trindade.

B.5. Inferno

Quando o homem não quiser aceitar a proposta da salvação, se se opuser a Deus e a uma vida de amor, se fizer essa opção consciente e persistir nela até a hora da morte, perderá a meta de sua vida e ficará para sempre afastado de Deus e dos seus irmãos, o que é a maior frustração. Isso é inferno. Essa possibilidade de se afastar de Deus e de lhe dizer NÃO.

O termo inferno vem do latim *inferi*, que é, na cosmovisão antiga, o mundo inferior, que se contrapõe ao mundo superior, o céu. No meio está o mundo dos vivos.

Antigamente, era entendido como o lugar para onde iam os mortos. Também era chamado Xeol. Professamos no Credo que Jesus desceu aos "infernos". Este não é um lugar de castigo, mas o lugar dos mortos. Essa expressão significa que Jesus morreu realmente.

Perto da cidade de Jerusalém, havia um vale chamado "Geena". No tempo dos reis de Israel, ofereciam-se sacrifícios ao deus Moloc. Queimavam-se as vítimas. Mais tarde, o vale se tornou o campo onde se queimava o lixo da cidade. Jesus usa esse símbolo na sua pregação, para mostrar a dor daqueles que se fecham totalmente à ação salvadora do Pai e dele se separam eternamente.

B.6. Condenação

A condenação, ou castigo eterno, se encontra em nosso imaginário como torturas e prisões: fogo, choro e ranger de dentes. Mas Deus não condena o homem. Ele convida, bate à porta do coração do homem, inquieta-o e dá mil chances para que volte. Se o homem não quiser aceitar o convite insistente de Deus, ficará sozinho. Ele mesmo se condenará a ficar preso no seu próprio eu.

B.7. Purgatório

A Igreja sempre tem acreditado numa purificação por que passamos antes de entrar na glória definitiva. Será que somos dignos de estar na presença de Deus assim como estamos na hora da morte? Quando se dará a purificação? Aqui na terra? Na hora da morte? Depois? Quem o dirá?

Desde o início, houve na Igreja o costume de rezar pelos falecidos para que Deus os chame, o mais depressa possível, à sua presença definitiva.

Para refletir: Diante do mistério da morte e da eternidade cabe, da nossa parte, uma grande discrição. Não fantasiemos sobre a eternidade. Não sabemos como é. Não temos condições de compreender essa realidade. Só temos a palavra de Cristo, que nos promete a vida eterna: vida em Deus, vida feliz e mais plena, vida com os irmãos.

A mensagem da vida depois da morte é sempre Boa-Nova.

O Juízo Final não é um acontecimento pavoroso, mas a grande festa em que o mal será totalmente vencido e todos estarão para sempre felizes no Reino de Deus.

C. Viver a Palavra

Quando visitarmos pessoas que perderam entes queridos, podemos dar-lhes alguma mensagem de conforto?

D. Oração que brota da Palavra

Ler Efésios 1,1-13. (Partilhar.)

Terminar com o canto "A vida pra quem acredita...", ou "A certeza que vive em mim".

SEXTA UNIDADE

Espiritualidade Cristã

33º encontro

VIVER UMA ESPIRITUALIDADE CRISTÃ – EXPERIÊNCIA DE DEUS (I)

Depois de termos tratado, durante o desenvolver do nosso programa de Catequese com Adultos, a parte de leitura bíblica, liturgia e sacramentos, vamos desenvolver, em diversas reflexões, algumas orientações para se chegar a uma espiritualidade evangélica.

Tratando de espiritualidade, não podemos deixar de aprofundar aquilo de que tanto se fala hoje em dia: a experiência de Deus. Antes de se interessar por doutrinas e formulações teológicas, leis e prescrições, o cristão busca uma verdadeira experiência, algo que fale de Deus ao coração, que o faça sentir e amar.

A. Ver a realidade

O que entendem por "experiência de Deus"? Alguém pode dizer se teve alguma experiência de Deus? Como a sentiu? Teve influência na sua vida? (Esperar os comentários dos participantes.)

B. Iluminar com a Palavra

Talvez possamos dizer que "experimentar Deus" é sentir, de modo muito forte, a presença dele em nossa vida. Há momentos e acontecimentos em que sentimos a mão de Deus: pode ser através de apelos que vêm até nós e que precisam de uma tomada de consciência, pode ser em certos momentos de felicidade ou de grande dor. É então que sentimos a presença de Deus, entramos num profundo silêncio, rezamos.

Muita gente não foi despertada para viver a experiência de Deus.

Viver sob a luz de Cristo - Catequese com adultos **215**

Primeiro, é bom saber que Deus não se manifesta diretamente a ninguém. Ninguém nunca viu a Deus, nem ouviu sua voz ou o tocou. Deus se comunica conosco através de "mediações" ou "sinais". Esses sinais podem ser acontecimentos, pessoas, a natureza. Mas, para perceber Deus aí, precisamos saber "ler" esses sinais. Sem a fé, não conseguimos interpretar nada, não descobrimos nada. Somos como "analfabetos" que não sabem interpretar os sinais ou as letras do alfabeto. Devemos aprender a "ler" os sinais de Deus.

Um dos meios para "descobrir" e experimentar Deus é através da *admiração*.

B.1. A admiração levou a grandes descobertas científicas

Os sábios da antiguidade diziam: "A admiração é o princípio de toda a sabedoria".

Newton se perguntou, maravilhado, por que uma maçã cai de uma árvore, em linha reta, na terra. E ele descobriu que são as mesmas forças que fazem a maçã cair no chão que levam os planetas a girarem ao redor do sol.

James Watt se maravilhou com o fato de a tampa de uma panela com água fervendo ficar pulando e, com base nisso, inventou a máquina a vapor.

Milhares de pessoas de milhares de gerações viam cair frutas das árvores, mas ninguém ficou tão maravilhado como Newton. Milhares também viam a tampa da panela pulando, mas ninguém se admirou.

B.2. A admiração é o impulso para aqueles que acreditam

A capacidade de se maravilhar é a capacidade fundamental de todos os investigadores, cientistas e descobridores. É também o impulso para aqueles que acreditam. A admiração que sentimos diante das belezas da natureza, de tudo que nos cerca, nos leva a sentir o mistério que nos envolve. Nada é "normal". Admirando o céu estrelado, sentimos nossa pequenez. Ouvindo as descobertas da astronomia, ficamos estupefatos diante daquilo que ela nos revela. O sol é uma de 400 bilhões de outras estrelas da nossa Via Láctea. Os astrônomos acreditam que há cerca de 100 bilhões de galáxias no universo. Em cada uma dessas galáxias existem centenas de bilhões de estrelas.

Nenhuma galáxia do universo está parada. Todas estão em movimento e se distanciam umas das outras a uma velocidade impressionante. O universo é um acontecimento, uma explosão.

Diante da grandeza da natureza, exclamamos: "O céu manifesta a glória de Deus, e o firmamento proclama a obra de sua mãos!" (Sl 19,2).

B.3. A maravilha do corpo humano

O que dizer diante dos seguintes dados?

O corpo humano tem cerca de 100 trilhões de células. Dentro de cada uma dessas células há um núcleo. Cada núcleo contém 46 cromossomos, agrupados em 23 pares (cada par, um do pai e outro da mãe). Os cromossomos são compostos de cordões helicoidais do DNA.

Genes são segmentos de DNA que arquivam instruções para fabricar proteínas, os tijolos de construção da vida.

Que maravilha é o nosso corpo! Que mundo de segredos, de maravilhas contém! Podemos dizer que é tudo normal? Que não há nada a admirar?

O modo com que meu corpo e minha mente funcionam é outra maravilha. Cada órgão, cada parte do cérebro é um mundo incrível.

Admirável é também o fato de que cada ser humano é único. Não há repetição. Cada um é um indivíduo irrepetível. O nascimento de cada criança é uma nova maravilha.

Admirável também é a capacidade que o próprio ser humano tem de questionar e penetrar os segredos da natureza e descobrir seu funcionamento. "Sou uma maravilha", diz o Salmo 139,14.

B.4. As coisas mais simples também manifestam o Mistério

Podemos descer às coisas mais simples, mas que continuam sendo mistério. Podemos contemplar a beleza de uma flor, a folha de uma planta, uma fruta, um inseto... Podemos admirar também as maravilhas que o homem sabe fazer, sua inteligência, sua criatividade, sua capacidade de filosofar, de amar. Tudo está envolvido por um grande mistério, que chamamos DEUS. "Nele vivemos, nos movimentamos, existimos", diz São Paulo (At 17,28).

Somente quem é capaz de admirar, de se maravilhar, é capaz de contemplar, de mergulhar em Deus e em seu mistério, cair em silêncio profundo e se entregar.

C. Viver a Palavra

Como desenvolver em nós o hábito da admiração?

Esta semana vamos "admirar" coisas, pessoas que nos fazem lembrar as maravilhas de Deus.

No próximo encontro, podemos partilhar nossas descobertas.

D. Oração que brota da Palavra

Vamos interiorizar: Vamos ficar em silêncio durante alguns instantes. Perguntemo-nos:

- Sei admirar ou acho tudo "normal, comum"?
- Depois da nossa reflexão, o que mais me tocou?

Vamos rezar (Sl 19,1-5):

O céu anuncia a glória de Deus
E nos mostra aquilo que as suas mãos fizeram.
Cada dia fala dessa glória ao dia seguinte,
E cada noite repete isso à outra noite.
Não há discurso nem palavra, não se ouve nenhum som.
No entanto, a voz do céu se espalha pelo mundo inteiro
E suas palavras alcançam a terra toda.

(Vamos aguardar alguns momentos em silêncio, refletindo sobre a oração que acabamos de rezar.)

Cantemos: "Obrigado, Senhor, porque és meu amigo".

34º encontro

VIVER UMA ESPIRITUALIDADE CRISTÃ – EXPERIÊNCIA DE DEUS (II)

A. Ver a realidade

Como foi nossa experiência de Deus esta semana? Admiramos, descobrimos as maravilhas de Deus? Como?

B. Iluminar com a Palavra

B.1. O ser humano, sinal de Deus

Na nossa reflexão anterior, vimos a maravilha da natureza e do ser humano.

O ser humano é um grande sinal de Deus, não só pela maravilha do seu corpo e do seu espírito, mas porque foi criado à imagem e semelhança de Deus (Gn 1,27).

A pessoa humana revela Deus de modo especial. É através do amor humano que vamos entender algo do amor de Deus. Uma profunda experiência de amor entre as pessoas é uma experiência de Deus. "Onde há amor e caridade, Deus aí está", cantamos tantas vezes. E como é verdade! Mas muitas vezes não nos lembramos disso. Uma grande amizade é uma verdadeira experiência de Deus. O amor do casal também. Uma criança que não recebe amor e carinho dos pais não entenderá o amor de Deus. Precisamos experimentar o amor para saber o que é. Para experimentar o amor de Deus, necessitamos sentir o amor dos outros. Os pais não têm ideia do quanto eles são sinais de um

Deus Amor para os seus filhos. Cada um de nós é sinal de Deus para o outro. Será que os outros se encontram com Deus através de nós?

(Vamos parar um pouco e comentar este texto.)

B.2. Deus se faz experimentar pelos sinais dos tempos

Dizemos que Deus se manifesta nos sinais dos tempos. Que são esses sinais? São as tendências e movimentos da época... Mostram a mão de Deus, sua presença, seus apelos, suas advertências. Sinais dos tempos, hoje, são, entre outros: a luta pela justiça, a promoção dos direitos humanos, a emancipação da mulher, mas também a liberdade sexual, a supervalorização do corpo, a busca desenfreada do prazer etc. Nem sempre é fácil interpretar os sinais dos tempos, e se são sinais de Deus ou não. Devemos ficar atentos e saber discernir. Deus pode falar através de pessoas que têm uma visão "profética" dos acontecimentos, através da Igreja, mas também através de pessoas iletradas.

B.3. Deus se revela através dos acontecimentos

Deus se revela na vida de cada um, ou de grupos e comunidades, através de acontecimentos: o nascimento de um filho, a morte de um ente querido, a luta para conseguir melhores condições de vida para o povo, e assim por diante. Na dor e na alegria, na luta e na renúncia, na convivência, sentimos, muitas vezes de modo especial, a presença de Deus. Ele está aí! (Alguém pode dar um testemunho?)

Para discernir a presença de Deus nos acontecimentos, precisamos ter uma atitude crítica. Não podemos dizer simplesmente, diante de tudo que acontece: "Deus quer". Muitas vezes, os acontecimentos não são da vontade de Deus, mas sim consequências dos nossos pecados, do nosso orgulho, do nosso egoísmo. Mesmo assim, Deus pode se manifestar através desses acontecimentos. Ele alerta, apela à conversão, à mudança de atitudes, se faz presente pela solidariedade das pessoas que procuram aliviar o sofrimento...

O sofrimento no mundo é uma das maiores dificuldades que se coloca a respeito do amor de Deus. Deus não causa o sofrimento, não intervém nas leis da natureza, mas sim está ao nosso lado para nos ajudar a suportar o sofrimento. Ele sofre conosco, nos dá força para encontrarmos um novo sentido na vida. Quantas pessoas podem testemunhar isso!

B.4. A Bíblia, um sinal de Deus para nós

O povo da Bíblia fez também sua experiência de Deus. Experimentou Deus nas forças da natureza, na beleza da criação. Experimentou Deus no próprio ser humano, imagem de Deus. Experimentou-o especialmente nos acontecimentos. Sua história é de libertação, de conquistas e guerras. Via a mão de Deus nisso. Teve suas leis como decretos vindos de Deus para orientação do seu povo. Escreveu tais experiências. Por isso, podemos dizer que a Bíblia é o livro que relata as experiências de Deus que aquele povo teve. Tinha os mesmos sinais que nós: natureza, pessoas, acontecimentos. Mas soube ver em tudo isso a mão de Deus e escreveu essa descoberta em linguagem poética, em narrativas profundas, em orações e salmos...

B.5. Jesus - O grande sinal de Deus

Quando Jesus entrou na história desse povo, ele atraiu a muitos por seu modo de ser, falar, agir. Aqueles que o seguiam exclamavam: "Este é, realmente, o Enviado de Deus, seu grande Profeta, seu Filho". Eles fizeram uma experiência de Deus na pessoa de Jesus, o ressuscitado. Por isso, podemos dizer que Jesus é o sinal de Deus por excelência. Cada ser humano é uma imagem de Deus, mas, com suas imperfeições e pecados, obscurece, muitas vezes, essa imagem. Porém, Jesus é a imagem perfeita de Deus, seu Pai. Os primeiros cristãos fizeram sua experiência de Deus em Jesus. Quando, mais tarde, foram escrever os Evangelhos, eles expressaram essa experiência.

B.6. A comunidade - sinal de Jesus

Jesus, depois da sua ressurreição, deixou um sinal: a comunidade dos seus seguidores. Não estando mais fisicamente entre nós, não sendo mais um sinal *visível,* a comunidade deve agora tornar Jesus visível através da sua vida de união, amor, solidariedade, amor aos marginalizados, aos que não têm voz nem vez. É esta a missão da Igreja: ser sinal sensível de Jesus, hoje.

B.7. A liturgia é a grande experiência de Deus através de sinais e gestos

Toda liturgia deve ser uma profunda experiência de Deus em Cristo. A liturgia é o momento adequado para experimentar Deus e a ação salvadora de Cristo. É um profundo encontro com Cristo que se realiza em cada Eucaristia, em cada sacramento.

C. Viver a Palavra

Esta semana vamos observar os acontecimentos com olhar crítico e ver de que forma eles se revelam como sinais de Deus para nós.

D. Oração que brota da Palavra

Vamos ler o lindo texto no Eclesiástico 17,1-12.

Esse texto tem a ver com aquilo que acabamos de refletir? Como?

Podemos terminar com o Salmo 8.

35º encontro

A ORAÇÃO NA VIDA DO CRISTÃO (I)

A. Ver a realidade

Faz parte da vida do cristão ter algum ritmo de oração, um ritmo que perpassa sua vida diária e dá profundidade ao seu relacionamento com Deus e os irmãos. Mesmo levando uma vida muito ativa, engajada no trabalho e na pastoral, os momentos de interiorização não podem faltar, mas devem nos firmar no caminho que leva a Deus. Como está nossa vida de oração? Quais as dificuldades que temos?

(Alguns minutos para troca de experiências.)

B. Iluminar com a Palavra

Como é a verdadeira oração? A oração é como um diálogo. Num diálogo as *duas* pessoas falam, e não só uma. Na oração devemos primeiro escutar o que Deus tem a nos dizer. Depois, somos nós que respondemos.

B.1. Mas como é que Deus nos fala?

Não ouvimos Deus falar aos nossos ouvidos. Sua voz é a voz da nossa consciência. Deus nos fala pela vida. Faz-nos muitos apelos através dos acontecimentos, das situações, das pessoas. Mas, muitas vezes, vivemos tão agitados e atarefados que nem percebemos esses apelos de Deus. Por isso, é necessário parar, de vez em quando, refletir sobre o que Deus nos está pedindo na vida concreta. Oração não é um acúmulo de palavras e cantos que nos impedem de ouvir Deus falar.

Um dos meios fortes de Deus nos falar é através da Bíblia, porque é a Bíblia que ilumina nossa vida e nos revela a vontade de Deus.

Viver sob a luz de Cristo - Catequese com adultos

B.2. Rezar é procurar a vontade de Deus

Rezar não é, em primeiro lugar, dizer a Deus o que *nós* queremos, mas perguntar-lhe o que *ele* quer: "Senhor, estou aqui... Que queres que eu faça?". Ou, como Nossa Senhora rezou: "Eis a serva do Senhor. Faça-se em mim segundo a tua palavra" (Lc 1,38). Ou como Jesus disse ao Pai: "Pai, seja feita, não a minha, mas a tua vontade" (Lc 22,42).

A atitude fundamental da pessoa que reza é a procura da vontade de Deus, que se manifesta, como apelo, nas circunstâncias da vida. Aderir a essa vontade representa o verdadeiro louvor e adoração. Uma vez que isso fica bem determinado, podemos pedir, mas sempre com a condição de que o projeto de Deus se realize dentro daquilo que pedimos.

Também para a oração comunitária devemos ter essa disposição. A oração individual alimenta a oração comunitária. E a oração comunitária pode nos ajudar na oração pessoal.

B.3. A oração a partir de fórmulas

Há diversos modos de rezar. Talvez o modo mais usado seja a recitação de uma fórmula. Assim, temos o Pai-Nosso, a Ave-Maria, o Salve-Rainha, os Salmos, as orações da missa... Também existem muitas fórmulas que encontramos em livros de oração, em livros de meditação, e que são muitas vezes muito bonitas e benfeitas.

A oração de fórmulas nunca se pode tornar uma simples recitação. Há pessoas que só sabem rezar algumas fórmulas de cor e as recitam e repetem mil vezes, sem prestar atenção às palavras. Quantas vezes se rezam o Pai-Nosso e a Ave-Maria sem prestar atenção! Lembremos as palavras de Jesus: "Quando vocês rezarem, não usem muitas palavras, como fazem os pagãos. Eles pensam que serão ouvidos por causa das suas muitas palavras" (Mt 6,7). Deus só precisa de uma palavra nossa: o SIM à sua vontade.

As orações de fórmulas, porém, podem nos ensinar a rezar, quando feitas com atenção, tornando nossas as palavras de outros, abrindo-nos os horizontes para vermos mais do que nosso pequeno mundo e suas preocupações. Lendo ou rezando tais orações, podemos parar quando as palavras nos tocam e falar com Deus sobre aquilo que refletimos. Vejamos o exemplo de uma fórmula de oração, escrita por Santo Agostinho. Podemos recitá-la e, depois, meditar sobre ela, vendo-a como ajuda para aprofundar nosso contato com Deus. Santo Agostinho levava uma vida longe de Deus e se entregava a todos os prazeres mundanos até que a graça de Deus o conquistou definitivamente. Assim ele se dirige a Deus nesta oração:

Tarde te amei,
tão antiga e tão nova beleza!
Tarde demais eu te amei!
Eis que habitavas dentro de mim
e do lado de fora eu te procurava!
Disforme, eu me lançava
sobre as belas formas das tuas criaturas.
Comigo estavas, mas não eu contigo.
Tu me chamaste,
e teu grito rompeu a minha surdez.
Eu te saboreei e agora tenho fome e sede de ti.
Tu me tocaste,
e agora vivo ardendo no desejo de tua paz.

Vamos parar um pouco e ficar alguns instantes em silêncio: O que nos tocou nessa oração? Temos alguma experiência igual a essa?

Podemos dizer algo a Deus a partir dessa oração? (Falemos no silêncio do nosso coração.)

Como vemos, as fórmulas nos ajudam e nos ensinam a rezar.

B.4. A oração espontânea

A oração de fórmulas tem o perigo de cair numa recitação de palavras que não refletem o que o coração gostaria de externar. Por isso, é bom rezar, de vez em quando, com palavras próprias, espontaneamente. A nossa oração se torna mais autêntica. Mas também aqui há um perigo. Às vezes, ficamos girando demais em redor das nossas pequenas preocupações, sem enxergar as grandes exigências do Reino. Por isso, é bom variar usando a oração espontânea, mas alternando com orações de fórmulas que podem alargar nossos horizontes.

B.5. Oração através de gravuras e símbolos

Podemos fazer uma oração espontânea ao meditar certas gravuras que mostram a realidade da vida: sofrimento, alegria, questionamentos... São meditações boas para se fazer em grupos. O primeiro passo é observar as gravuras: Quais questionamentos colocam? Quais as causas da situação? O que nos toca? Que se pode fazer em tais circunstâncias?

Depois de uma boa reflexão, podem-se fazer orações espontâneas, comprometendo-se a determinada ação ou mudança de atitude.

Os símbolos também são fontes de inspiração. Símbolos são objetos que nos revelam algo mais profundo do que o simples objeto em si. Ao ver uma aliança de casamento, à primeira vista visualizo um objeto de metal precioso, redondo, bonito. Mas o sentido desse anel é muito mais profundo: é sinal de amor e de fidelidade até a morte. Nossa vida está cheia de símbolos: o retrato de alguém; um objeto que pertencia a uma pessoa falecida que nos é muito cara; o pão, que representa o alimento que falta na vida de muitos pobres; o vinho, que é símbolo de alegria e festa; uma vela, que representa a doação até "a morte", e assim por diante. Os símbolos nos falam dos mistérios da vida, tocam nossa experiência.

Escolhamos um símbolo qualquer e aprofundemos, primeiro, a sua função na vida de todo dia e, em seguida, o seu sentido mais profundo. O que nos toca, nos fala, nos acusa ou alegra... Termina-se com orações espontâneas, ou alguma fórmula ou canto.

C. Viver a Palavra

O que pode melhorar em nosso modo de rezar?

D. Oração que brota da Palavra

Vamos colocar um símbolo, como, por exemplo, uma chave.

1º passo: Observar a chave, o formato, o tamanho, o material. Para que serve?

2º passo: Em sentido simbólico, o que nos diz a chave? (Lembra-nos de atitudes de nos abrirmos aos outros, acolhermos. Lembra também nosso fechamento. Como nos abrirmos? O que esse símbolo diz para nossa vida?)

3º passo: Leitura do Apocalipse 3,20.

4º passo: Preces espontâneas e um canto final (por exemplo: "Procuro abrigo nos corações").

36º encontro

A ORAÇÃO NA VIDA DO CRISTÃO (II)

A. Ver a realidade

Há pessoas que rezam fazendo novenas, recitando o terço, ou repetindo fórmulas que aprenderam em algum momento da vida. Muitas vezes, é uma espiritualidade devocional. Como temos costume de rezar?

B. Iluminar com a Palavra

Neste encontro abordamos dois modos de oração: o primeiro explica como fazer uma leitura orante da Bíblia e o segundo fala da oração do silêncio.

Leitura orante da Bíblia: a leitura orante da Bíblia nos introduz numa verdadeira espiritualidade bíblica, leva-nos ao encontro com a Palavra de Deus: ouvimos o que Deus nos diz e refletimos sobre isso, para levar essa Palavra à prática da vida. Já temos alguma experiência desse tipo de oração?

A leitura orante pode ser feita individualmente ou em grupo. O grupo não deve ser grande demais, para que todos possam se expressar quando quiserem.

É bom preparar o ambiente. Que seja um lugar silencioso. Deve-se acender uma vela e colocá-la ao lado da Bíblia, que precisa estar em um lugar de honra. Pode-se tocar uma música bem suave.

Seguem alguns passos que podem ser desenvolvidos e que nos ajudam, especialmente no início, quando ainda não temos muita ex-

Viver sob a luz de Cristo – Catequese com adultos **227**

periência. (Vamos acompanhar o texto que segue, treinando assim a leitura orante.)

Antes de iniciar, escolhe-se o texto e um mantra (ou refrão) que pode ser cantado intercalando os diversos passos. Agora, vamos escolher Lucas 10,38-42.

Façamos uma curta oração ou alguns momentos de silêncio para abrir-nos à ação do Espírito Santo.

B.1. Primeiro passo

Cantar o mantra: "Tua Palavra é lâmpada para os meus pés, Senhor...".

Alguém lê o texto em voz alta, devagar e com boa entonação. (Leitura do texto.)

Agora, vamos ler o texto novamente, em silêncio, e cada um preste atenção ao texto e àquilo que mais lhe tocou.

Podemos observar as pessoas, sua fala, seus atos. Observemos os verbos. Quais se repetem?

Depois de algum tempo de silêncio, podemos dizer o que mais nos tocou.

B.2. Segundo passo

Cada um se coloque a pergunta: O que este texto está querendo me dizer?

Nesse momento, tomo consciência daquilo que Deus está dizendo a MIM.

Se a oração for feita em grupo, pode haver uma partilha. Mas cuidado para não transformar essa partilha em discussão. Não existe certo ou errado. Cada pessoa partilha o que sentiu. (Vamos partilhar, agora.)

B.3. Terceiro passo

■ Interiorizando o texto

Esse passo é o momento de maior intimidade com Deus. É feito em silêncio, colocando-nos em profunda sintonia com os personagens que aparecem no texto. Com quem me identifico na fala, nas atitudes?

Por onde Deus está me conduzindo? Marta se distingue por sua hospitalidade, uma virtude muito apreciada na Bíblia. Maria tem a atitude de discípula: está sentada aos pés de Jesus e o escuta. O que cada uma lhe diz?

B.4. Quarto passo

- **O que vou falar com Deus?**

Vamos dar nossa resposta àquilo que Deus nos fez descobrir. Isso pode ser feito em silêncio. Quem quiser pode falar em voz alta, espontaneamente.

B.5. Quinto passo

- **O que o texto me leva a viver no meu dia a dia?**

Depois da reflexão feita a partir do texto e nos momentos de silêncio, qual a mensagem que levo daqui para minha vida de cada dia? Marta e Maria podem estar presentes na minha vida e no meu serviço aos outros? (Partilhar.)

(Vamos repetir: Quais são os cincos passos de uma leitura orante?)

Pode-se terminar a leitura orante com um canto que fale sobre o tema, ou com algum salmo ou oração que aprofunde ainda mais a mensagem. Hoje, podemos terminar refletindo sobre o seguinte pensamento do grande filósofo Soeren Kierkegaard:

Quando nossa oração se torna, cada vez, mais ardente e interior,
Descobrimos que temos, cada vez, menos a dizer.
Finalmente, nos calamos e nos silenciamos profundamente.
Começamos a escutar.
Primeiro, pensávamos que rezar era falar.
Mas descobrimos que rezar é calar.
E não só calar, mas escutar.
Rezar não significa ouvir a si mesmo falando,
Mas é silenciar até que se escute Deus.

A oração do silêncio: o citado texto de Kierkegaard introduz-nos em um tipo de oração pouco falada, menos ainda praticada: é a oração do silêncio.

A melhor oração é aquela em que não existe nenhuma palavra. A comunicação interna do mistério de Deus se dá no silêncio. É estar a sós com aquele que nos ama.

Jesus se afastava das multidões e se retirava para as montanhas, muitas vezes, passando as noites com seu Deus e seu Pai. De manhã, reencontrava as pessoas para transmitir-lhes algo daquela experiência silenciosa.

Nem sempre estamos em condições de retirar-nos "para o deserto". Nossa vida, geralmente, é agitada, cheia de afazeres. Mas podemos encontrar momentos para estarmos a sós com Deus e abrir-nos à sua ação. De repente, sobrevêm-nos instantes em que experimentamos a presença de Deus, que nos pede que fiquemos em silêncio, sem dizer nada. Conta-se que Santa Teresinha, quando começava a rezar o Pai-Nosso, ficava tão tocada pela palavra "Pai", que não conseguia mais continuar sua oração.

Muitas vezes, quando as pessoas estão rezando e meditando, sentem-se atraídas a se manterem em silêncio, a não expressarem palavra alguma e a ficarem simplesmente na presença de Deus. Quando isso acontecer, não nos preocupemos em pensar ou meditar, mas procuremos somente ficar sossegados, sabendo que Deus está presente. Olhar e sentir-se olhado; amar e sentir-se amado.

Conta-se que todos os dias o Santo Cura d´Ars encontrava na sua paróquia um homem simples olhando para o sacrário. O santo certa vez lhe perguntou: "Como fica aqui tanto tempo sem fazer nada?". O homem respondeu: "Eu olho para ele e ele olha para mim".

Um poeta islamita rezou assim:

Tu és o mar e eu nado em ti, como um peixe.
(Pare um pouco e experimente essa sensação!)
Tu és o deserto que eu percorro como uma gazela.
Preenche-me com o teu respiro. Sem ele não posso viver,
Porque eu sou o teu oboé, e ecoo...
Quando estás comigo, o amor não me deixa dormir.
Quando não estás, as lágrimas não me deixam dormir. (Rûmî).

37º encontro

A ORAÇÃO DO CRISTÃO
Pai-Nosso – a oração que Jesus ensinou aos apóstolos

A. Ver a realidade

(**Preparar o ambiente:** flores, velas, pão e a Bíblia.)

Há pessoas que rezam o Pai-Nosso e que, muitas vezes, não observam o que estão rezando. São frases repetidas, decoradas, sem prestar atenção nos significados e nas exigências que cada frase da oração traz. Todos os cristãos aprendem essa oração em algum momento de sua vida. Contudo, muitos rezam e poucos prestam atenção.

Qual é a sua experiência de rezar a oração do Senhor, o Pai-Nosso?

B. Iluminar com a Palavra

Na Bíblia, o Evangelho de Mateus nos fala da Oração do Senhor e nos ajuda a compreendê-la melhor (Mt 6,5-13). No versículo 5, Mateus está nos dizendo como não rezar. Não rezar só para aparecer, para os outros verem, para uma promoção pessoal etc.

No versículo 6, ele nos orienta a rezar corretamente. Diz: [Quando rezares] "entra no teu quarto, fecha a porta e ora a teu Pai que está no escondido. E teu Pai que está no escondido, te dará recompensa". Esse ensinamento está nos dizendo que devemos deixar Deus ser Deus. Deixar Deus relacionar-se conosco como Deus. Não colocá-lo para resolver os nossos pedidos, condicionando-o à nossa vontade.

Nos versículos 7 e 8 encontramos, ainda, uma orientação de como NÃO se deve rezar: não é preciso fazer uso de muitas palavras para dirigir-se a Deus. Ele está sempre atento. A oração cristã acredita no Deus Criador, Amoroso, Pai, Irmão, Força... Ele sabe do que precisamos. Essas orientações, em Mateus, são um verdadeiro catecismo sobre a oração (não precisa ser feita com muita ostentação, nem com muitas palavras. Deve-se perdoar, caso se queira ser perdoado).

Em Lucas também temos a oração do Pai-Nosso (Lc 11,2-4). A comunidade lucana ainda não era iniciada na fé cristã, e essa oração do Senhor – o Pai-Nosso – tinha a função de conduzir a comunidade a uma unidade e identidade. Era para eles uma profissão de fé.

Mas, neste nosso encontro, vamos trabalhar a oração do Pai-Nosso que se acha em Mateus (Mt 6,5-13). É uma oração que resume em sete preces tudo o que Jesus ensinou ao povo. Mateus nos apresenta a oração de Jesus inserida dentro de outras práticas de piedade: a oração, que nos abre a Deus; a esmola (Mt 6,1-4), que nos leva a abrir-nos aos outros; e o jejum (Mt 6,16-18), mostrando-nos as várias maneiras de praticá-la. O que revela como Jesus era criativo e prático quando ensinava a seus discípulos.

A oração se apresenta dentro de uma estrutura de dois movimentos que se cruzam: um movimento para o alto, o céu: o Pai, o santificado, seu Reino, sua vontade; e o outro movimento para baixo, a terra: o pão, o perdão, a tentação, o mal.

Nos versículos de 9 a 13, ele nos apresenta os ensinamentos de Jesus para rezar a oração do Senhor.

B1. Na primeira parte, encontramos os três primeiros relacionamentos com Deus. São louvores, glorificações que fazemos ao Pai

Vejamos:

▪ **Pai nosso que estás no céu.** Deus é Pai porque tudo gera para a vida. E Deus é nosso. Não é só meu nem seu. Ele não se deixa aprisionar. Ele não está ligado a lugares sagrados nem a uma raça. Ele é de todos e está para além de tudo.

Falar do Pai "que está no céu" não se refere a um *lugar* onde Deus está. "Céu" simboliza a realidade que nos transcende. "Deus não está longe de nós, pois nele vivemos, nos movemos e existimos", diz São Paulo (At 17,28).

232   Viver sob a luz de Cristo - Catequese com adultos

• **Santificado seja o teu nome.** O nome de Deus é santo, porque Deus é santo. Santificamos o nome de Deus quando vivemos conforme seu projeto.

• **Venha a nós o teu Reino, seja feita a tua vontade, na terra como no céu.** Deus nos criou para a santidade. Somos todos convidados a participar do Reino de Deus, contribuindo para que o seu reinado seja pleno. Assim, reconhecemos Deus como o Senhor da história. O Reino de Deus é a mensagem central da pregação de Jesus. Uma mensagem de esperança e alegria. Uma alegria que se celebra no presente, mas, ao mesmo tempo, uma promessa que se realiza no futuro. É dom e é tarefa.

O anúncio do Reino é o núcleo central do Evangelho (cf. Mc 1,14-15; Mt 9,35-36; Lc 4,16-30; Mt 11,2-6.25-26). Jesus também anuncia o Deus do Reino: um Deus que se apresenta sempre ligado à história, ao mundo e às pessoas. Deus não é um Deus-em-si, mas um Deus-de--um-povo: "Eu serei vosso Deus e vós sereis meu povo". Trata-se de um Deus relacional. Assim, fazer acontecer o Reino no meio de nós, um Reino de justiça, paz, amor, fraternidade e solidariedade, é fazer com que a dignidade do ser humano seja resgatada. Essa é uma exigência do relacionamento de Deus conosco.

B.2. Na segunda parte do Pai-Nosso estão os nossos pedidos: um movimento voltado para a terra, um relacionamento verdadeiro para com todos os irmãos

• **O pão nosso de cada dia nos dai hoje**. O pão de cada dia para todos significa solidariedade. O direito de usufruir dos bens da vida é de todos. Aqui, há a exigência da partilha.

• **Perdoa-nos as nossas dívidas, como também nós perdoamos aos nossos devedores**. Todo ser humano necessita do amor e do perdão de Deus. Mas o que é verdadeiramente perdoar? Somos convidados a perdoar, incondicionalmente, aos nossos irmãos, assim como Deus perdoa incondicionalmente. Esta é a exigência: prática de perdão mútuo.

O perdão abre possibilidades de amor para quem foi perdoado, pois, quem perdoa, doa-se profundamente.

- **E não nos exponhas à tentação**. A nossa vida está cheia de tentações, como, por exemplo, dinheiro, comodismo, egoísmo... e nem sempre temos a coragem de enfrentá-las. Pedimos a Deus a graça de termos forças para resistirmos à tentação.

- **Mas livra-nos do mal**. Com confiança no Pai, que toma a iniciativa e nos conduz, fazemos a nossa entrega com a certeza de que ele nos livra de todo o mal, nos faz romper com todas as forças do mal. Não só o mal causado pelo pecado, mas também o mal da vida (sofrimento, fome, calúnias...).

- **Amém**. O amém é a nossa confirmação, é o nosso sim ao amor gratuito de Deus.

C. Viver a Palavra

1. Qual o pedido do Pai-Nosso que mais me toca?
2. Minha oração do Pai-Nosso é autêntica ou maquinal?

Vamos prestar atenção ao nosso modo de rezar o Pai-Nosso.

D. Oração que brota da Palavra

A oração do Pai-Nosso nos coloca em atitude filial diante de Deus Pai. E, em Jesus, compreendemos sermos todos irmãos.

De mãos dadas, vamos rezar ou cantar com muita atenção o Pai-Nosso.

Celebração Final

Celebração final

Dirigente: No final dos nossos encontros, vamos encerrar a caminhada com uma oração de ação de graças, observando o que vivemos aqui, o que descobrimos e o queremos levar adiante.

Mantra: "Onde reina o amor, fraterno amor, onde reina o amor, Deus aí está" (2 vezes).

Recordação da caminhada

Vamos nos lembrar dos momentos mais ricos que aconteceram em nossa caminhada.

O que foi mais significante, o que mais nos marcou? (Partilhar.)

Oração

Expressemos nossa gratidão com algumas orações espontâneas.

Rezemos o Salmo 34.

Todos: Bendirei ao Senhor todo o tempo; minha boca vai sempre louvar. A minha alma o Senhor glorifica; os humildes irão se alegrar.

Grupo A: Vamos juntos dar glória ao Senhor, e ao seu nome fazer louvação. Olhem todos para ele e se alegrem; aos pequenos ele dá salvação.

Grupo B: Povo santo, adore o Senhor. Aos que o temem, nenhum mal assalta. Quem é rico empobrece e tem fome, mas, a quem busca a Deus, nada falta.

Todos: Glória a Deus, Criador que nos ama; glória a Cristo que é nosso bem. E ao Espírito, amor e ternura, desde agora e para sempre. Amém!

Ouvimos, com atenção, o que São Paulo nos diz, hoje: "Dou sempre graças a meu Deus a vosso respeito, por causa da graça que ele vos concedeu no Cristo Jesus. Nele fostes enriquecidos em tudo, em toda palavra e em todo conhecimento, à medida que o testemunho sobre Cristo se confirmou entre vós. Assim, não tendes falta de nenhum dom, vós que aguardais a revelação de nosso Senhor Jesus Cristo. É ele também que vos confirmará em vosso procedimento irrepreensível até o fim, até o dia de nosso Senhor Jesus Cristo. É fiel o Deus que vos chamou à comunhão com seu Filho, Jesus Cristo, nosso Senhor" (1Cor 1,4-9).

(Alguns momentos de silêncio. Depois, partilha, colocando em comum de que modo podemos continuar a nossa caminhada a partir daquilo que vivemos nos encontros.)

Canto: "Juntos, como irmãos, membros da Igreja, vamos caminhando. Vamos caminhando, juntos, como irmãos, ao encontro do Senhor".

Bênção: Deus, que é nossa salvação, nos abençoe, faça brilhar sobre nós sua paz, agora e sempre.

Amém.

Louvado seja nosso Senhor Jesus Cristo. **Para sempre seja louvado!**

(Confraternização.)

Impresso na gráfica da
Pia Sociedade Filhas de São Paulo
Via Raposo Tavares, km 19,145
05577-300 - São Paulo, SP - Brasil - 2013